Carnet
de CROQUIS
de MODE

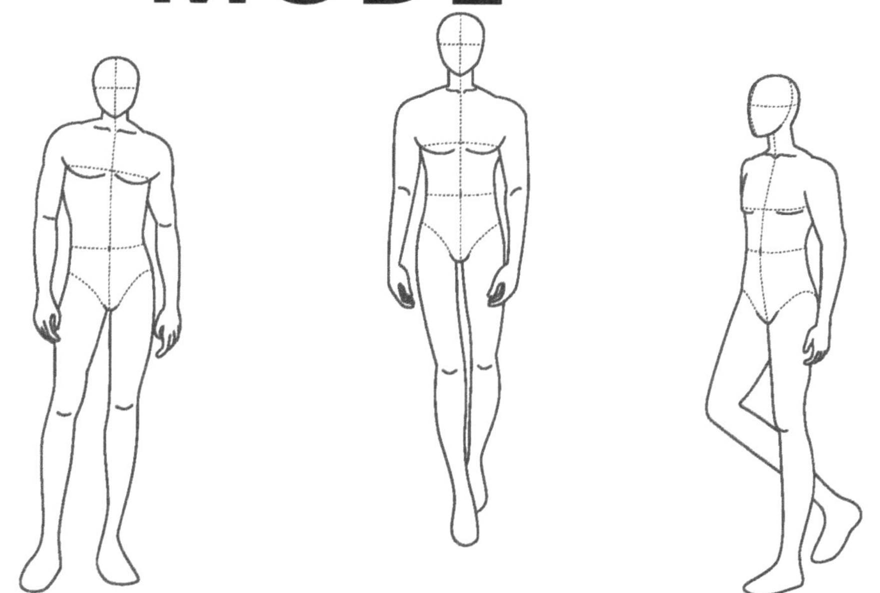

SILHOUETTES MASCULINES

Du Débutant à l'Avancé

Niky Jadesson

© Copyright 2025 - Niky Jadesson
Tous droits réservés.

Avertissement :

Ce carnet de croquis a été conçu à des fins éducatives et créatives. Bien que tout ait été mis en œuvre pour fournir un contenu utile et précis, l'auteur et l'éditeur ne garantissent aucun résultat spécifique. Le matériel présenté est de nature générale et ne remplace pas des conseils professionnels. Le lecteur est encouragé à exercer son propre jugement. L'auteur et l'éditeur déclinent toute responsabilité quant à l'utilisation de ce livre.

Merci de respecter les droits du créateur !

bienvenue

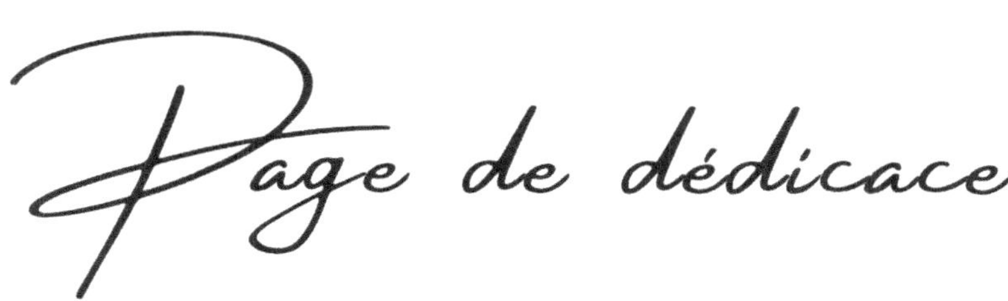 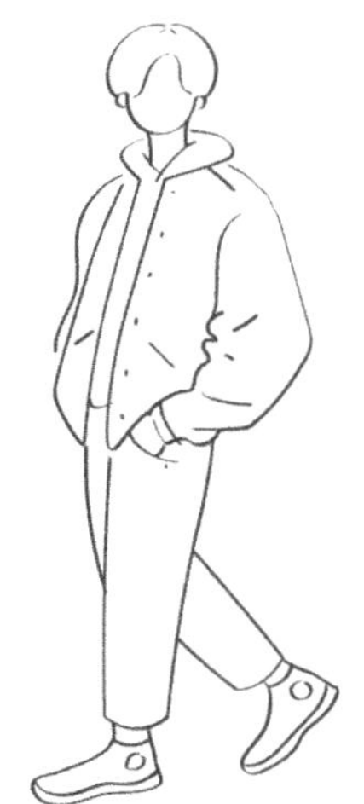

Page de dédicace

À tous les créateurs de mode passionnés par le style masculin, la coupe et la créativité.

Ce livre a été créé pour vous - pour expérimenter, apprendre et exprimer vos idées à travers le design vestimentaire.

Que chaque page vous apporte confiance, inspire votre originalité et vous rappelle que chaque croquis est le début d'une œuvre unique.

Et à tous les mentors, collègues et proches qui soutiennent ce parcours : merci d'être la véritable fondation de cet art.

Avec respect et passion,

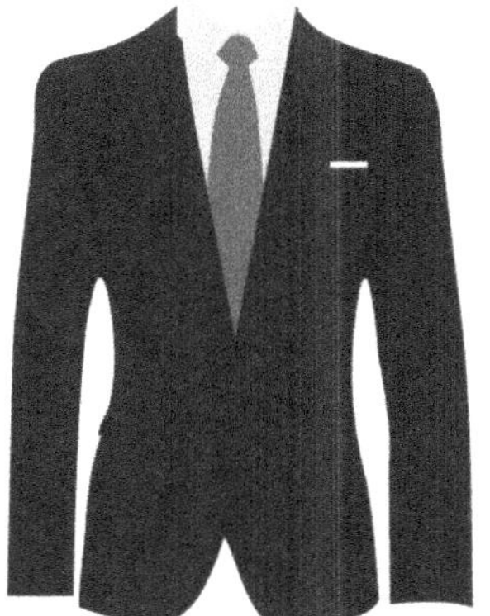

Niky Jadesson

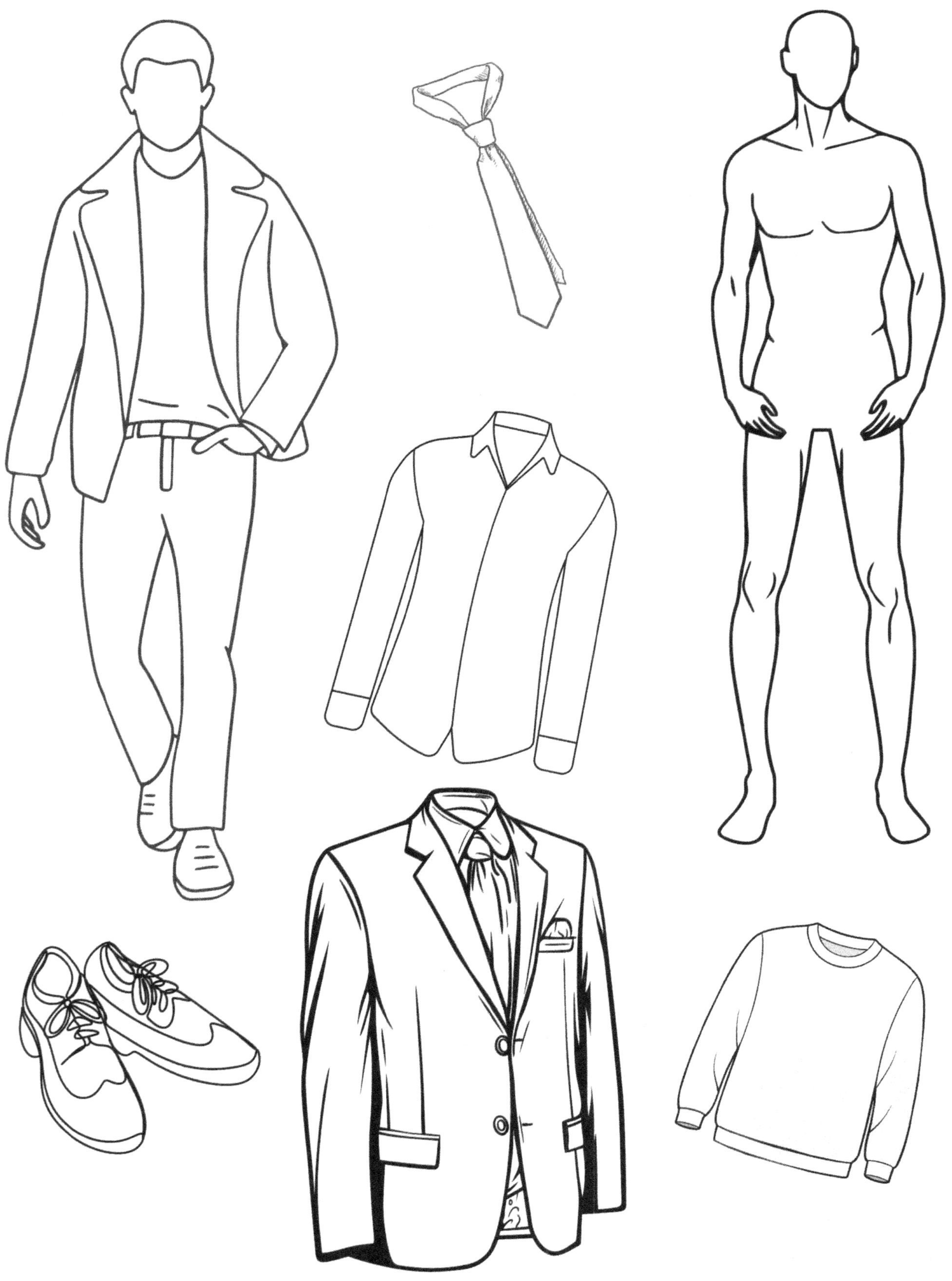

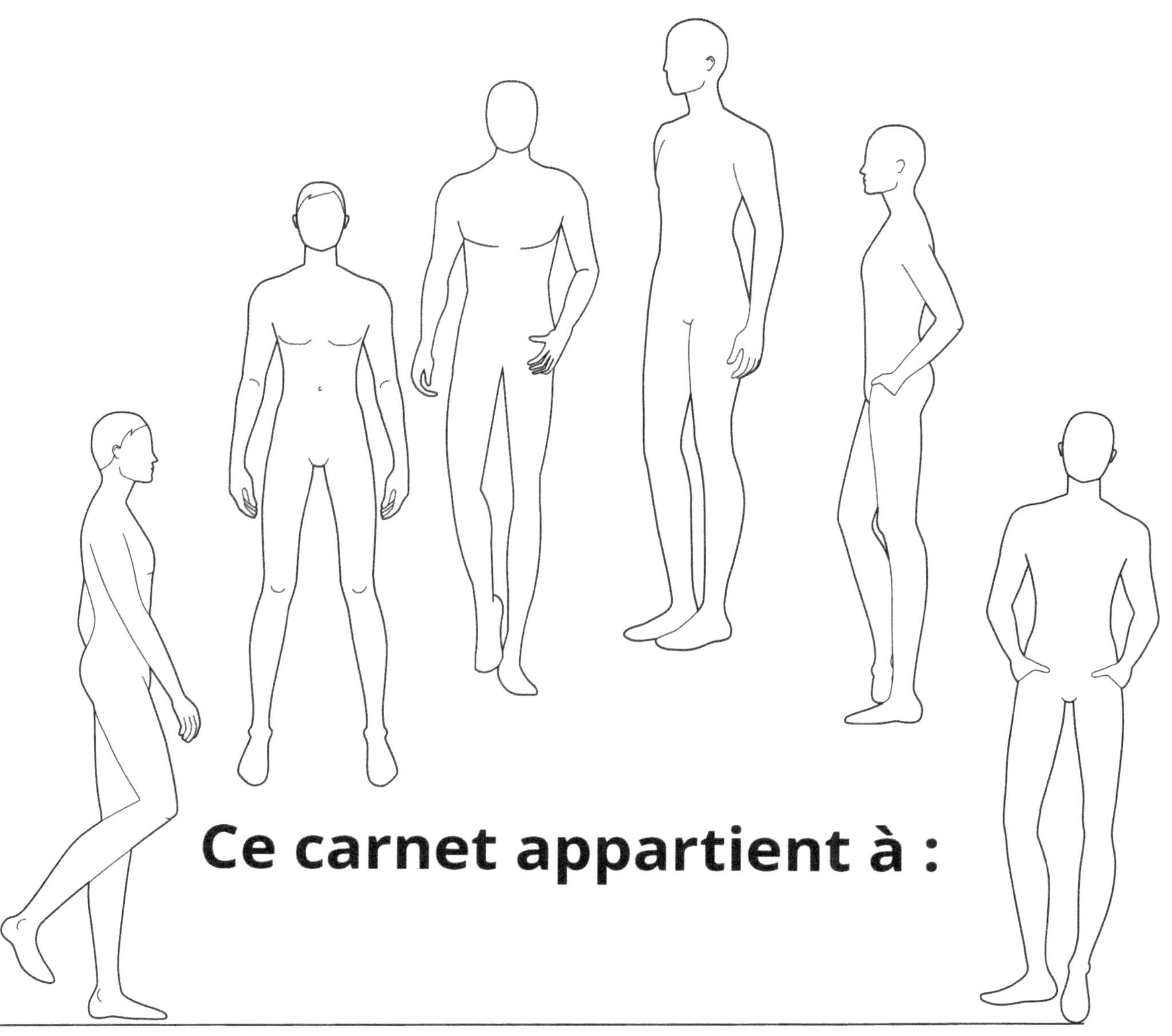

Ce carnet appartient à :

____

____

(votre nom)

Niky Jadesson

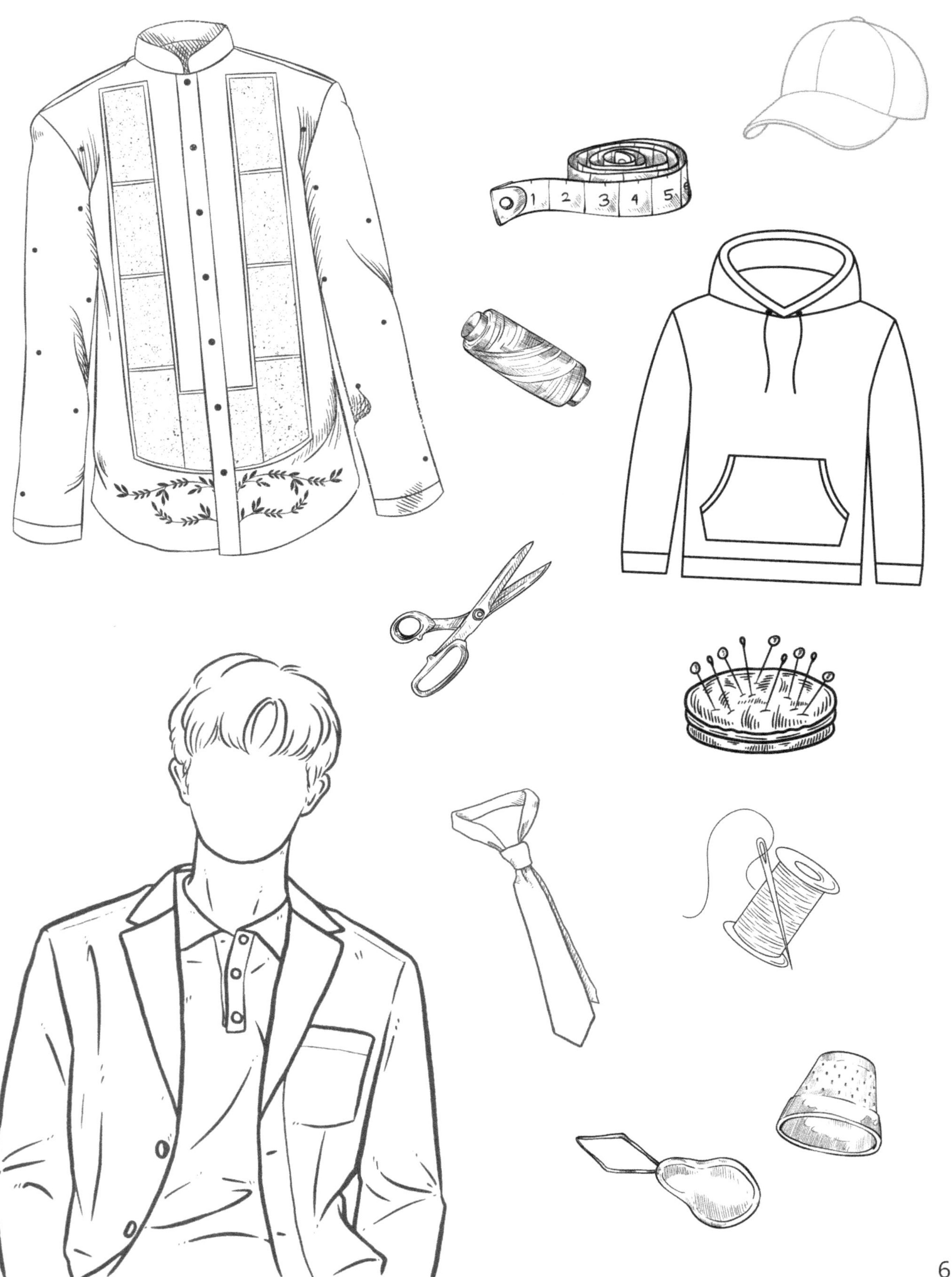

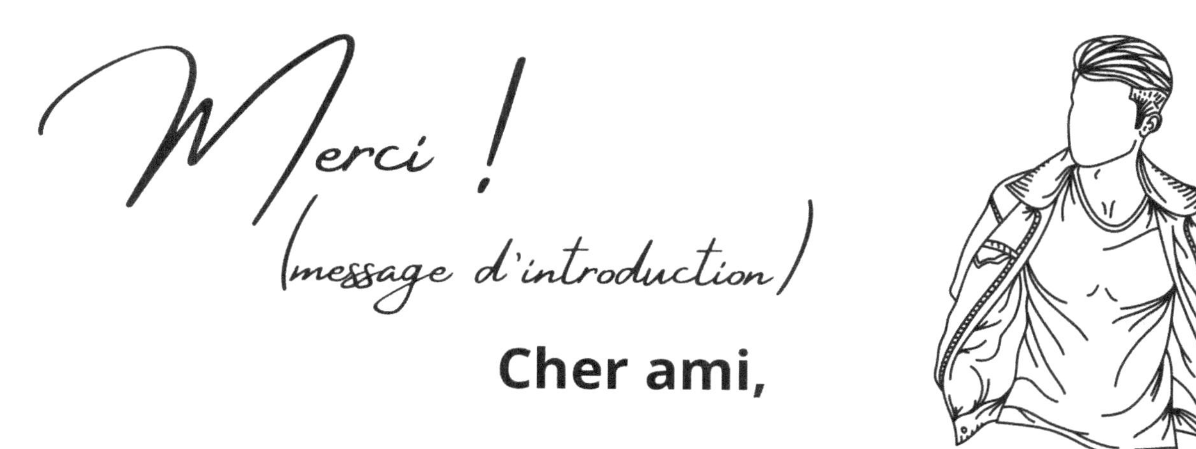

Merci !

(message d'introduction)

Cher ami,

Merci d'avoir choisi ce carnet de croquis !

La mode est bien plus que des vêtements - c'est un langage d'identité, de culture et de créativité.

Comme tout créateur, vous avez besoin de pratique, d'inspiration et des bons outils pour donner forme à votre vision.

Ce livre a été imaginé comme un espace pour explorer la mode masculine, expérimenter vos créations et développer vos compétences pas à pas.

Pour suivre les prochaines publications ou partager vos impressions, retrouvez "**Niky Jadesson Books**" en ligne.

Votre soutien compte énormément. Si ce carnet vous inspire, laisser un court avis aide d'autres passionnés à le découvrir et soutient l'édition indépendante.

Avec toute ma gratitude,

Niky Jadesson

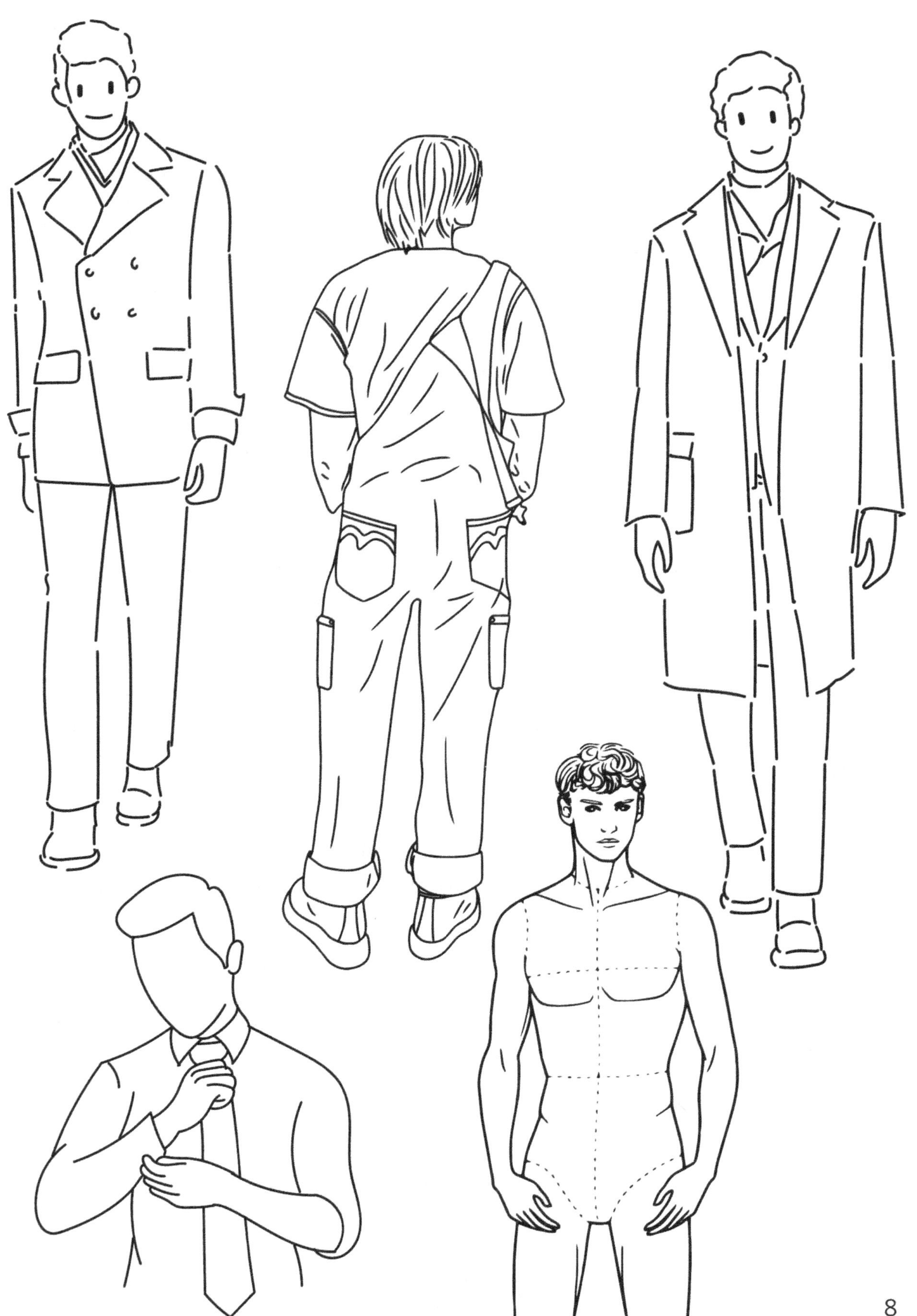

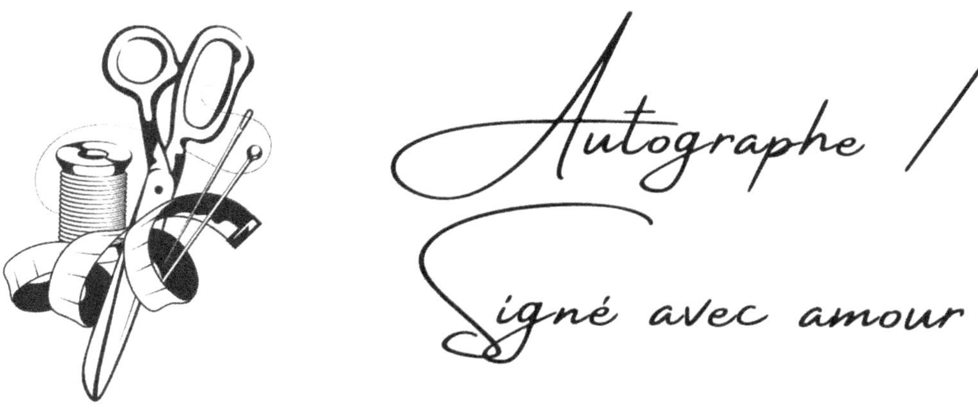

Cher _______________________,

Ce carnet de croquis est pour vous - pour pratiquer, créer et célébrer votre vision de la mode masculine.

Qu'il vous rappelle que chaque tenue que vous imaginez est une étape vers la maîtrise de votre art.

Avec tout mon respect,

____

(Signature)

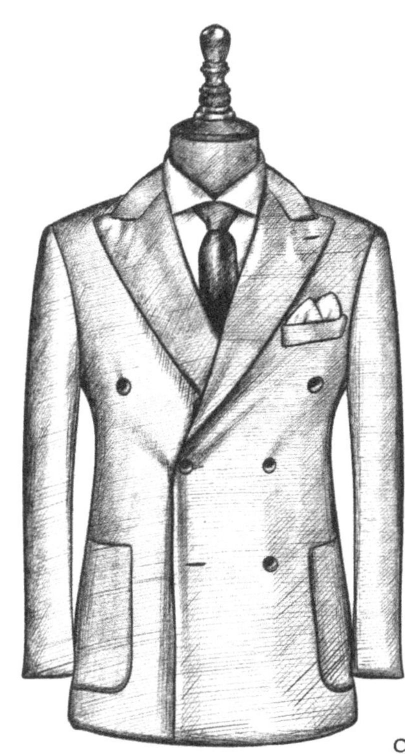

Date : _______________

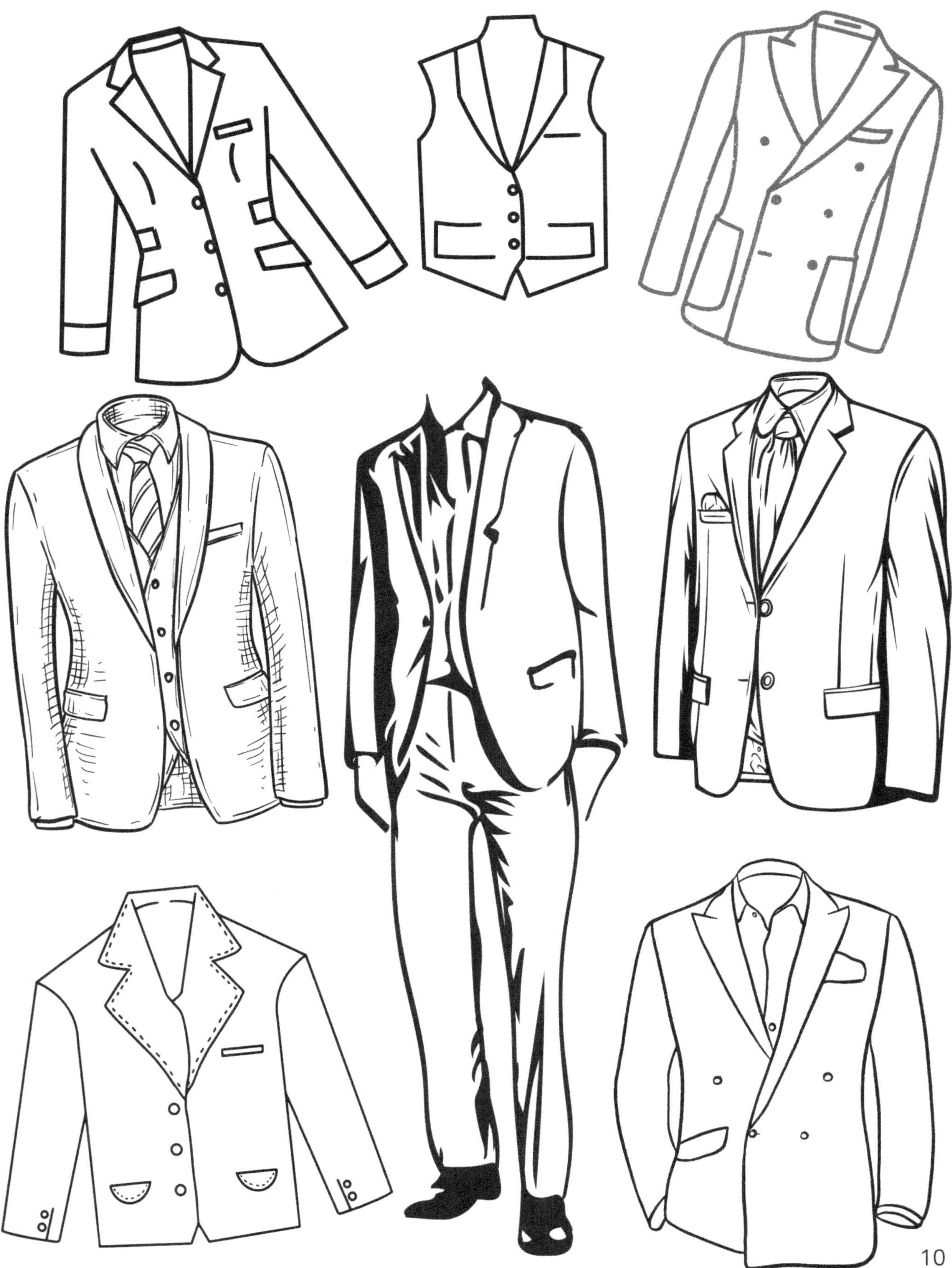

Table des matières

Table des matières

⭐ **Remarque** : Les silhouettes masculines et les pages d'exercice sont volontairement répétées afin d'encourager la pratique régulière, la fluidité créative et la diversité des designs.

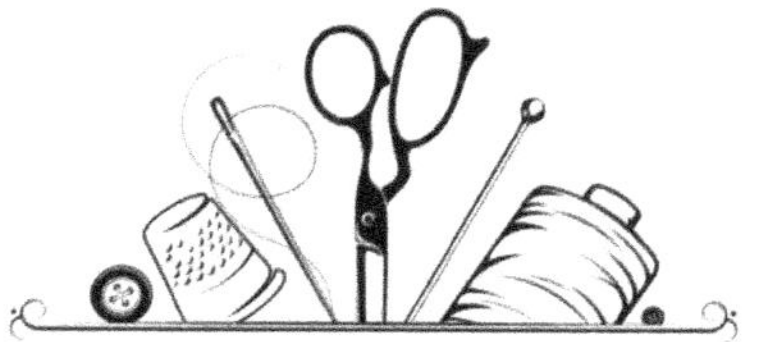

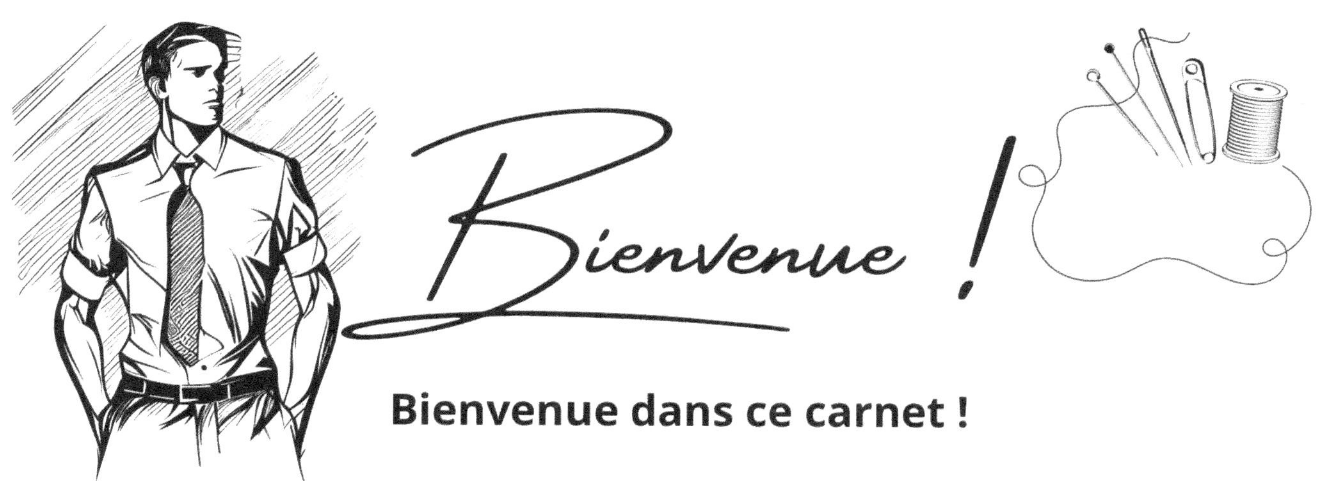

Bienvenue dans ce carnet !

La mode masculine est un univers de structure, de détails et d'innovation.

Des costumes sur mesure au streetwear, chaque création raconte une histoire.

Ce carnet a été conçu pour vous aider à pratiquer, explorer et affiner votre créativité dans le design vestimentaire masculin.

Prenez le temps d'expérimenter différentes silhouettes, matières et couleurs - et surtout, appréciez le processus.

Que vous soyez débutant ou déjà expérimenté, cet espace est le vôtre : un lieu pour apprendre, tester et évoluer en tant que créateur.

Nous sommes honorés de vous accompagner dans ce parcours.

Bonne création !

Niky Jadesson

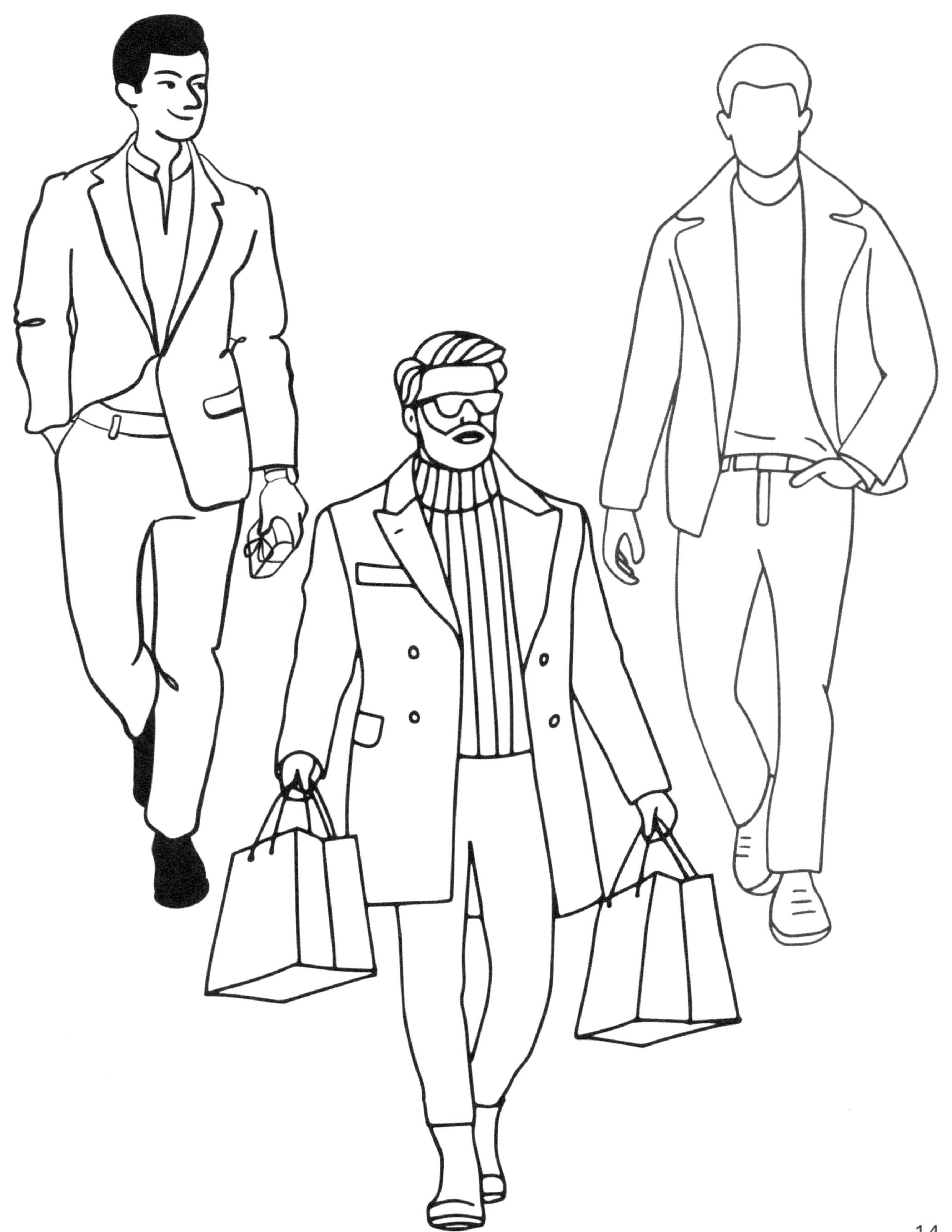

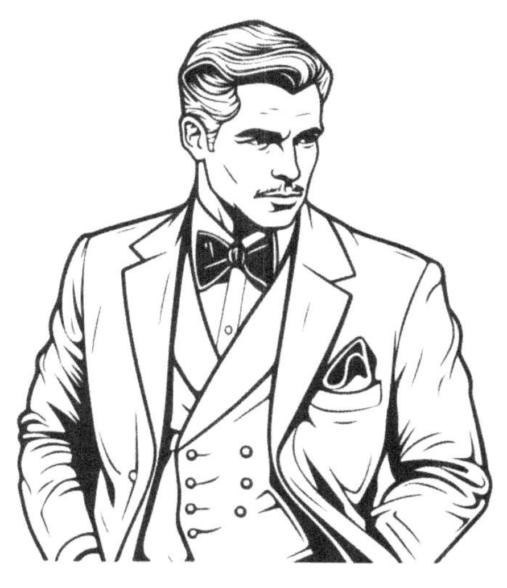

Préface de l'auteure

Cher lecteur,

Bienvenue dans ce voyage créatif au cœur de la mode masculine.

Ce livre a été imaginé avec une seule intention : vous offrir un espace où l'inspiration rencontre la pratique, et où chaque page peut faire naître une idée nouvelle.

À l'intérieur, vous trouverez à la fois des repères - avec les bases de la mode et des conseils professionnels - et une liberté totale, grâce aux silhouettes masculines et aux pages de croquis où vous pourrez expérimenter sans limite.

La mode masculine est un monde varié : du minimalisme au streetwear audacieux, du costume élégant au sportswear décontracté.

J'espère que ces pages vous inspireront à dessiner, à essayer de nouvelles choses et à voir le vêtement comme à la fois fonction et art.

Avec passion et gratitude,

Niky Jadesson

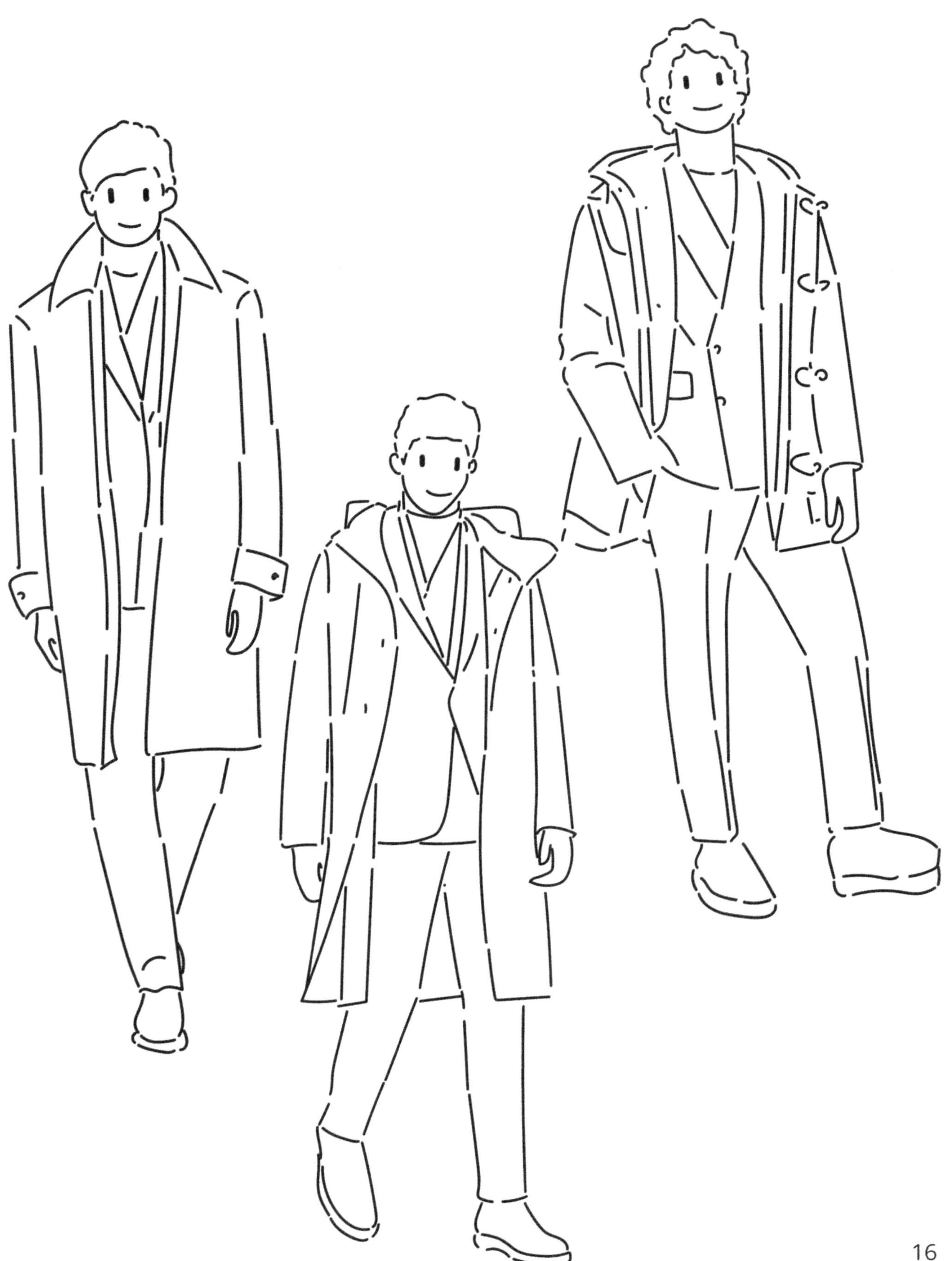

Comment utiliser ce carnet

Ce carnet est à la fois pratique et créatif.

Il vous offre un espace pour imaginer vos tenues, explorer différents styles et suivre votre évolution.

Voici quelques conseils pour en tirer le meilleur parti :

- **Expérimentez librement** - Essayez des looks décontractés, des tenues formelles ou du streetwear audacieux. Cet espace est votre terrain de jeu.
- **Prenez des notes** - Indiquez les tissus, les coupes et les accessoires utilisés pour chaque création.
- **Utilisez les silhouettes** - Les modèles masculins servent de guides pour visualiser les vêtements sur le corps.
- **Comparez et progressez** - Observez comment vos croquis évoluent au fil du temps.
- **Répétez et améliorez** - N'hésitez pas à redessiner les tenues et à explorer plusieurs variantes.

Que vous soyez débutant ou que vous cherchiez à perfectionner votre style, ce carnet est votre atelier personnel de design.

Mes objectifs et inspirations

La mode masculine repose sur l'équilibre : structure et confort, tradition et modernité.

Avant de commencer à dessiner, prenez un instant pour définir quel type de créateur vous souhaitez devenir.

Questions pour vous guider :

- Quel type de mode masculine m'inspire le plus ? (streetwear, vêtements formels, sportswear, casual)
- Quelle histoire mes créations veulent-elles raconter ? (confiance, professionnalisme, liberté, rébellion)
- Qui sont mes icônes de style ? (créateurs classiques, musiciens, athlètes, hommes du quotidien)

Espace pour vos notes :

- Mes objectifs de création : _________________________________
- Mes inspirations mode : _________________________________
- Tissus ou coupes à explorer : _________________________________
- Compétences à améliorer : _________________________________

Vos objectifs peuvent évoluer - tout comme la mode elle-même.

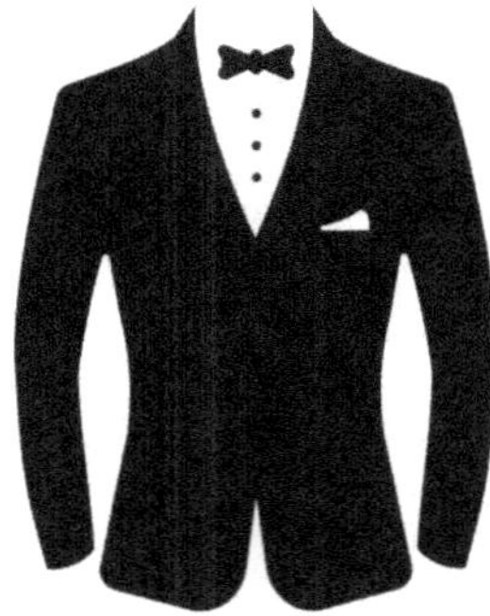

Outils et matériaux
pour le croquis de mode

Pour dessiner la mode masculine, quelques outils essentiels vous aideront à transformer vos idées en croquis précis et expressifs :

- **Crayons et gommes** - Utilisez des traits légers pour les vestes, chemises et pantalons avant de finaliser les contours.
- **Stylos fins** - Idéals pour les détails comme les cols, poignets ou coutures de tailleur.
- **Marqueurs et ombrages** - Palettes neutres (noir, gris, bleu marine) pour les costumes, tons vifs pour le streetwear.
- **Règle et courbes françaises** - Utiles pour les lignes droites et structurées typiques des vêtements masculins.
- **Tablettes numériques** - Parfaites pour travailler en couches et affiner les détails dans les créations modernes.
- **Échantillons de tissus** - Laine, denim, tweed, coton : toucher les matières aide à les représenter plus fidèlement.

Les bons outils facilitent le travail, mais la véritable créativité vient toujours de vous.

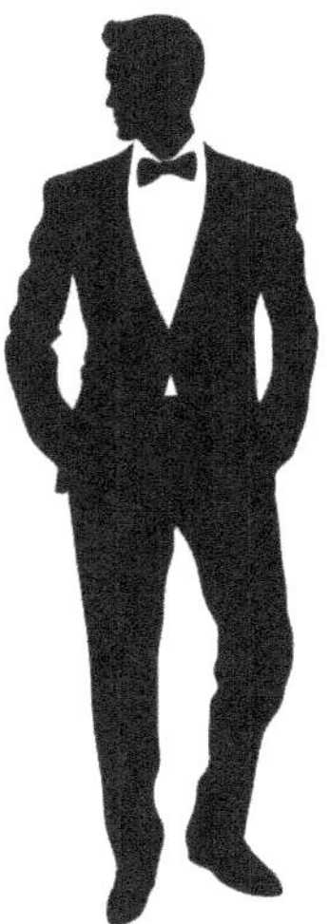

Conseils
pour bien commencer

Voici quelques pistes pour renforcer votre confiance lorsque vous débutez vos croquis :

- **Concentrez-vous sur les bases** - Commencez par les chemises, pantalons et vestes avant de créer des tenues plus complexes.
- **Étudiez la coupe** - Observez comment les coutures structurent un costume, comment un revers donne du caractère ou comment les boutons finalisent un look.
- **Jouez avec les proportions** - Ajusté, ample ou oversize : testez plusieurs volumes.
- **Ajoutez des accessoires** - Chaussures, cravates, chapeaux ou sacs peuvent transformer un ensemble.
- **Soyez régulier** - Dessinez un peu chaque jour plutôt que d'attendre une "grande" idée.

La mode masculine semble simple, mais sa force réside dans les détails.

Un seul trait peut changer tout un design.

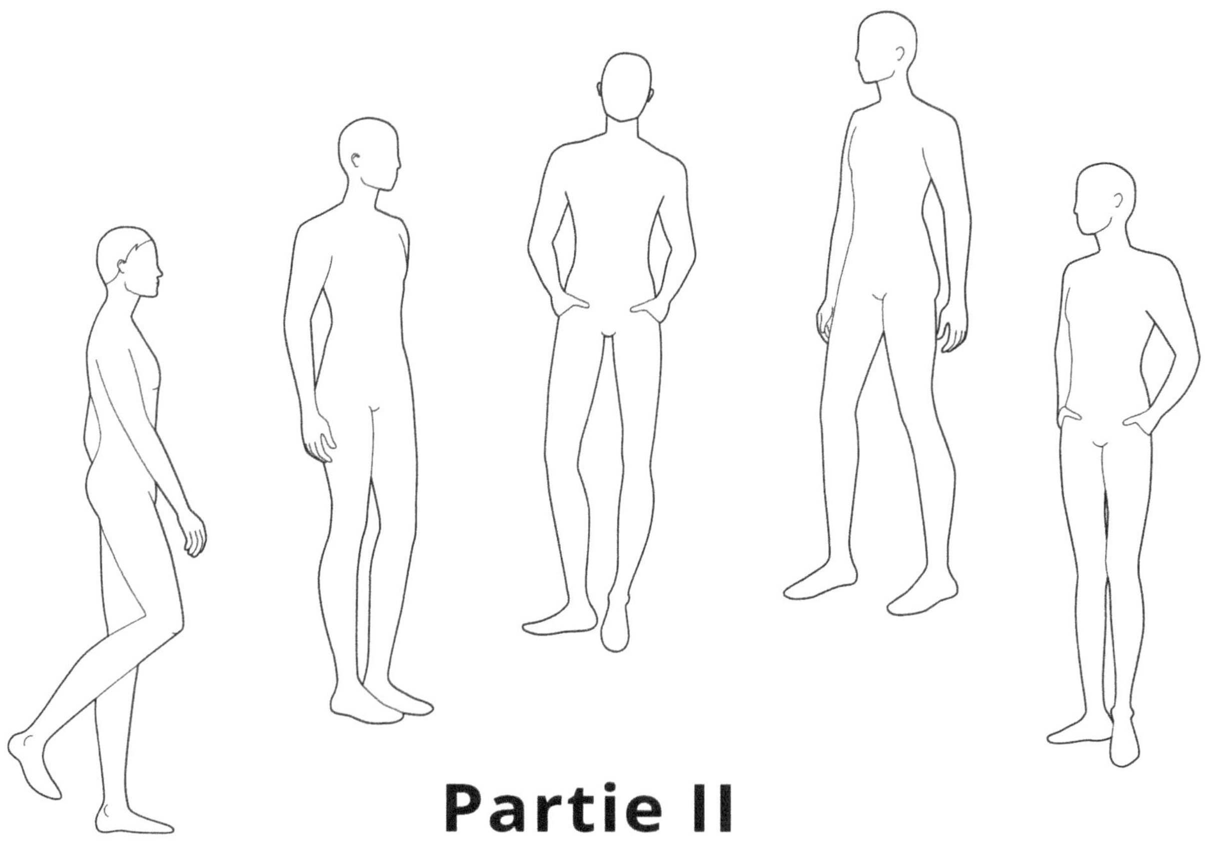

Partie II
- Éducation et fondamentaux

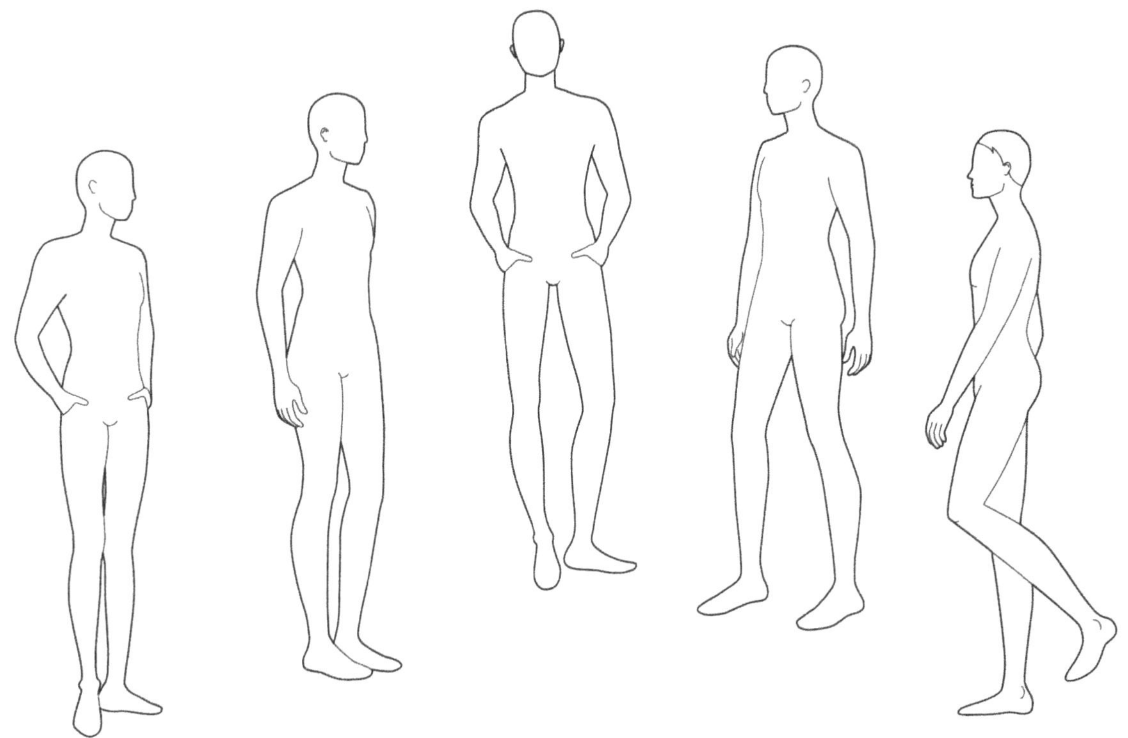

Brève histoire de la mode masculine
- Des époques classiques aux styles modernes

La mode masculine a toujours été influencée par la fonction, la culture et le statut social.

Si la praticité a souvent guidé le design, les vêtements ont aussi reflété le pouvoir, la tradition et l'expression personnelle.

- **Civilisations anciennes** - Les hommes portaient des tuniques, toges et drapés offrant liberté de mouvement. Les ceintures, sandales et bijoux indiquaient le rang social.
- **Moyen Âge & Renaissance** - Les vêtements deviennent plus structurés. Les manteaux ajustés, les chausses et les capes symbolisent l'autorité. Les broderies et tissus riches expriment le prestige.
- **XVIIIe & XIXe siècles** - Le costume s'impose comme symbole d'élégance. Les gilets, cravates et pantalons ajustés deviennent la norme, tandis que les vêtements de travail se développent séparément.
- **XXe siècle** - Des costumes trois-pièces aux chemises décontractées et au denim, la mode masculine se diversifie. Sportwear, influences militaires et tenues d'affaires apparaissent.
- **Aujourd'hui** - La mode masculine prône la liberté et l'individualité : streetwear minimaliste, costumes modernes, silhouettes oversize, matières durables. Le confort et la personnalité sont au cœur du style.

Chaque époque laisse son empreinte. En dessinant, imaginez comment les créations d'aujourd'hui inspireront celles de demain.

Silhouettes masculines à travers le temps
- Droite, ajustée, décontractée, oversize

Les silhouettes définissent le style et la personnalité d'un vêtement.

- **Coupe droite** - Classique et équilibrée, légèrement carrée. Base intemporelle pour costumes et uniformes.
- **Slim fit (ajustée)** - Lignes étroites et modernes, effet jeune et élégant.
- **Coupe décontractée** - Plus ample et confortable, souvent utilisée pour les tenues casual.
- **Oversize** - Proportions exagérées, volumes audacieux, typiques du streetwear et des looks avant-gardistes.

Les silhouettes sont un langage silencieux :

Le slim évoque la précision, l'oversize la confiance, la coupe droite la tradition, la coupe ample la liberté.

Lorsque vous dessinez, jouez avec les proportions : une épaule élargie ou un pantalon plus fuselé peut transformer complètement une tenue.

Théorie des couleurs dans la mode masculine
- *Harmonies, contrastes et palettes saisonnières*

La couleur influence l'humeur, le style et la personnalité.

- **Bases neutres** - Noir, gris, bleu marine, brun et blanc : des tons polyvalents et intemporels.
- **Couleurs d'accent** - Rouge, vert, moutarde ou bordeaux ajoutent du caractère sans rompre l'équilibre.
- **Palettes saisonnières** :
  - *Printemps* **-** Neutres légers et touches de couleur fraîche.
  - *Été* - Bleus clairs, blancs et tons lumineux.
  - *Automne* - Bruns, olives et oranges profonds.
  - *Hiver* - Contrastes marqués, noir et blanc, ou tons sombres relevés de reflets métalliques.
- **Psychologie des couleurs** - Les tons foncés évoquent la formalité, les tons clairs la détente, et les teintes vives la confiance.

Un simple accent - cravate colorée, doublure de veste ou baskets originales - peut transformer une tenue sobre en look affirmé.

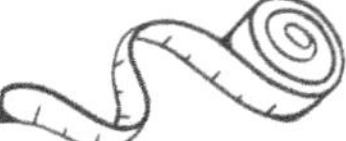

Tissus et textures
pour vêtements masculins
- *Laine, coton, denim, cuir*

Le tissu détermine le confort, la durabilité et le style.

- **Laine** - Chaleureuse, structurée, idéale pour les costumes, manteaux et tricots.
- **Coton** - Respirant et polyvalent, utilisé pour les chemises, pantalons et tenues décontractées.
- **Denim** - Robuste et pratique, un symbole emblématique de la mode masculine.
- **Cuir** - Solide et durable, parfait pour les vestes, chaussures et accessoires.

La texture raconte autant d'histoires que la silhouette : les tissus lisses paraissent formels, tandis que les textures plus rugueuses évoquent la décontraction.

Essayez de dessiner la même veste en laine puis en cuir - vous verrez immédiatement comment l'ambiance change.

Outils de croquis de mode
- *Crayons, marqueurs, outils numériques*

Vos outils vous aident à capturer la forme et la structure du vêtement masculin.

- **Crayons à graphite** - Parfaits pour les contours nets, les ombrages et les lignes structurées.
- **Marqueurs** - Apportent des aplats de couleur forts, idéaux pour les palettes masculines audacieuses.
- **Crayons de couleur** - Permettent de superposer les nuances et les effets de matière.
- **Encres et stylos** - Offrent des contours précis et marqués.
- **Outils numériques** - Les tablettes facilitent l'expérimentation des proportions et textures avec souplesse.

Le meilleur outil est celui que vous utiliserez régulièrement. Commencez simplement, progressez avec la pratique.

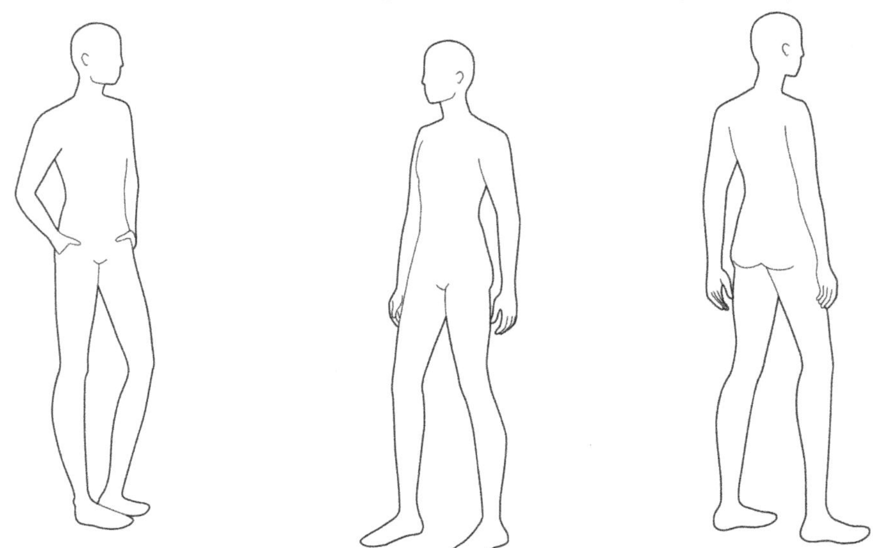

Étape par étape : Tenue décontractée
(T-shirt, chemise, jean)

La mode décontractée exprime la facilité, le confort et la personnalité.

1. **Commencez par la silhouette** - Coupe droite ou ample pour plus de confort.
2. **Tracez les bases** - Un T-shirt, une chemise ouverte ou un jean.
3. **Ajoutez les détails fonctionnels** - Poches, surpiqûres, fermetures, manches retroussées.
4. **Palette de couleurs** - Tons neutres avec touches subtiles (gris, blanc, bleu clair, kaki).
5. **Effets de texture** - Montrez la rugosité du denim, la douceur du coton ou la superposition des tissus.

Une tenue décontractée doit paraître naturelle - comme une évidence au quotidien.

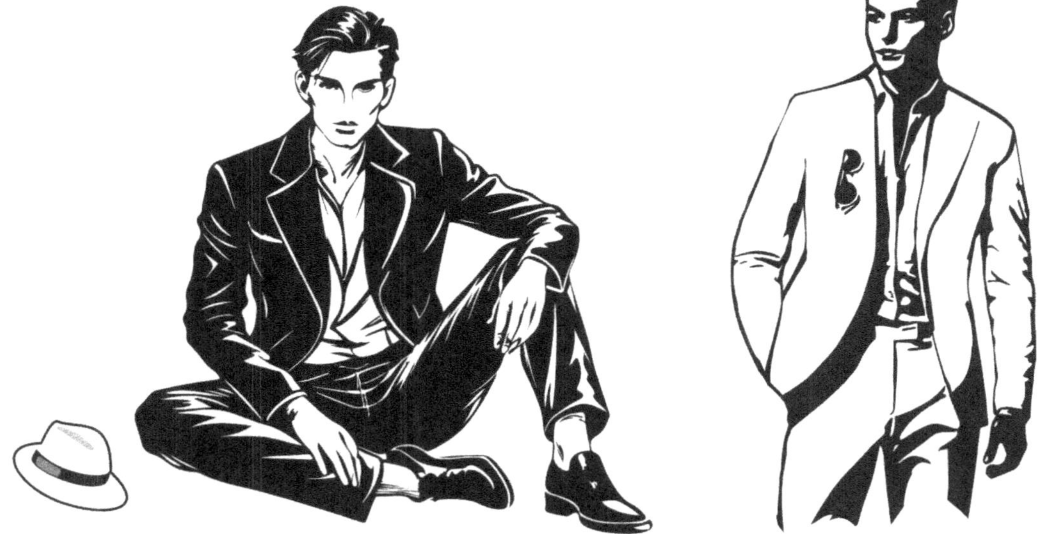

Étape par étape : Tenue de soirée
(costume, veste, tenue formelle)

Les tenues de soirée masculines allient élégance et personnalité.

1. **Silhouette** - Choisissez une coupe droite ou ajustée selon le style souhaité.
2. **Détails de la veste** - Revers, boutons, fentes et longueur définissent le caractère.
3. **Pantalon** - Coordonnez la matière à celle de la veste, tout en ajustant la coupe pour le confort.
4. **Chemise et accessoires** - Cols, cravates, boutons de manchette, ceintures ou chaussures complètent la tenue.
5. **Couleurs et tissus** - Tons foncés (marine, gris anthracite) pour l'élégance ; nuances claires pour une touche moderne.

Une tenue formelle doit inspirer confiance tout en restant fidèle à la personnalité de celui qui la porte.

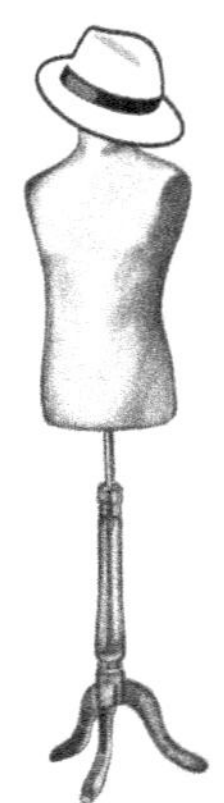

Erreurs fréquentes
en design masculin
(et comment les éviter)

Les erreurs sont normales, mais les connaître permet de les anticiper.

- **Proportions déséquilibrées** - Épaules trop larges ou pantalon trop long perturbent l'harmonie.
- **Excès de détails** - Trop de fermetures, coutures ou couches peuvent alourdir le design.
- **Mélanges de couleurs hasardeux** - Des contrastes trop forts manquent souvent de cohérence.
- **Mauvais choix de tissu** - Un tissu lourd pour l'été ou léger pour un manteau : incohérent.
- **Approche "taille unique"** - Chaque morphologie masculine mérite une adaptation spécifique.

Les meilleurs designs trouvent l'équilibre entre style, fonctionnalité et ajustement.

Conseils et astuces pour les créateurs de mode masculine

- Utilisez la superposition pour donner de la profondeur et de la polyvalence.
- Concentrez-vous sur la coupe : même une chemise simple devient remarquable si elle tombe parfaitement.
- Les palettes neutres gagnent en intérêt grâce aux textures - mélangez laine, coton ou denim.
- Dessinez aussi les accessoires : ceintures, chapeaux, chaussures, sacs - ils complètent le look.
- Entraînez-vous à croquer différentes morphologies et tranches d'âge pour plus de réalisme.

La mode masculine repose sur la subtilité : une simple ligne, un tissu ou une coupe peuvent tout changer.

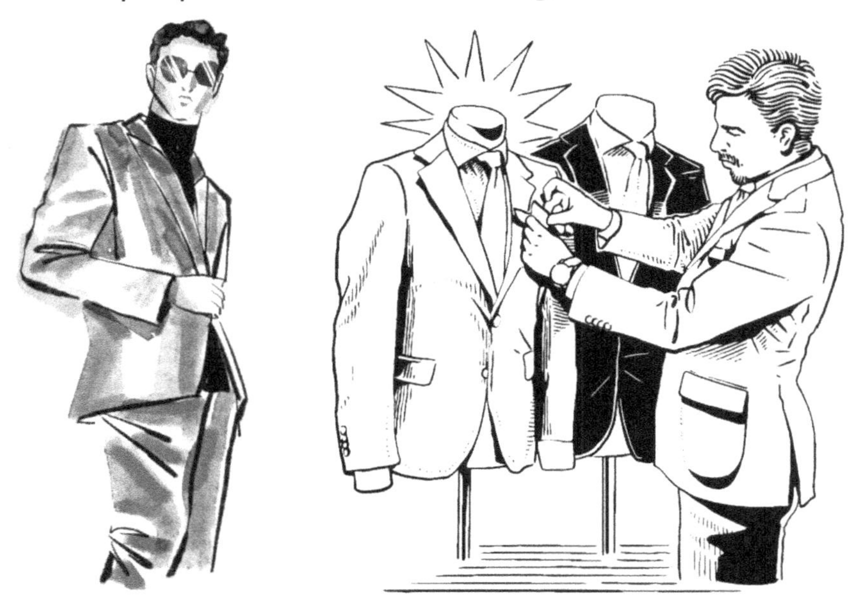

Guide d'utilisation
de ce carnet

Ce carnet est votre terrain d'entraînement pour le design de mode masculine.

- **Pratiquez les silhouettes** - Utilisez les modèles pour tester proportions et ajustements.
- **Expérimentez les matières** - Représentez la laine, le coton, le denim ou le cuir par des effets de texture.
- **Jouez avec la couleur** - Associez des bases neutres à des accents inattendus.
- **Pensez en collections** - Créez des ensembles décontractés, formels ou streetwear partageant un même thème.
- **Ajoutez vos notes** - Notez vos inspirations, vos réussites et ce que vous souhaitez améliorer.

À la dernière page, vous aurez créé une collection personnelle de designs masculins qui retracent votre évolution créative.

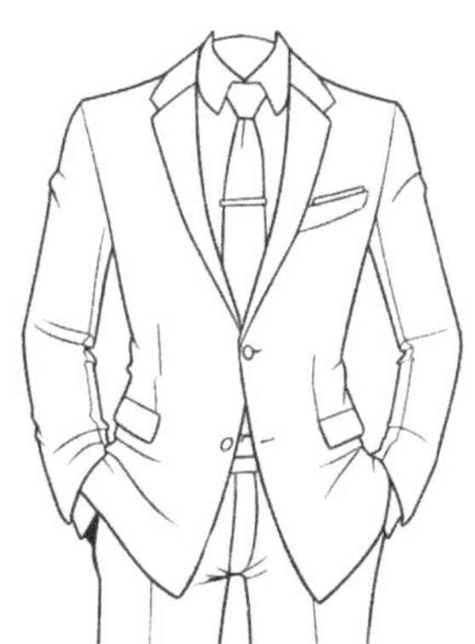

Les bases du croquis de mode masculine :
étape par étape

Le croquis de mode masculine se distingue par la structure, l'équilibre et la proportion. Bien que la silhouette soit souvent plus droite que celle des femmes, la créativité permet toutes les explorations.

Étape 1 : Construire la silhouette de base

- Dessinez les repères pour les épaules, la poitrine, la taille, les hanches et les jambes.
- Les proportions masculines sont plus larges aux épaules et plus droites au niveau du torse.

Étape 2 : Esquisser la tenue principale

- Utilisez des formes géométriques simples : rectangles pour les chemises, formes fuselées pour les pantalons, blocs structurés pour les vestes.
- Gardez un tracé clair avant d'ajouter les détails.

Étape 3 : Ajouter les éléments du vêtement

- Introduisez cols, poignets, boutons, fermetures, coutures et poches.
- Ces détails définissent si le look est décontracté, professionnel ou sportif.

Étape 4 : Suggérer les tissus et textures

- Lignes droites et régulières → denim ou coton.
- Ombrages denses → laine ou cuir.
- Hachures croisées → tweed ou tissus structurés.

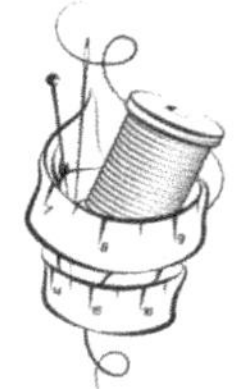

Étape 5 : Appliquer la couleur et les tons

- Les palettes masculines privilégient les tons sobres, mais n'ayez pas peur des contrastes audacieux.
- Utilisez les ombres pour marquer les plis et les superpositions.

Étape 6 : Finaliser le croquis

- Renforcez les contours et ajustez les proportions.
- Ajoutez des notes : type de tissu, saison, ou inspiration de style.

Le croquis masculin récompense la précision, sans jamais brider la créativité. Utilisez ces étapes comme une base souple à personnaliser.

Mini-exercice :

Dessinez une combinaison chemise + pantalon deux fois : une version décontractée (chemise en coton souple + baskets), une version formelle (chemise structurée + chaussures en cuir). Comparez comment la posture et les détails transforment l'atmosphère générale.

LOOK DE MODE SIMPLE ET QUOTIDIENNE

La mode masculine du quotidien repose sur la fonctionnalité et le style réunis. Cet exercice t'aidera à créer une tenue simple qui paraît naturelle tout en restant élégante.

5 étapes pour concevoir un look masculin décontracté :
1. Dessine une silhouette masculine détendue, avec des épaules légèrement larges.
2. Ajoute un t-shirt basique ou une chemise casual.
3. Associe-le avec un pantalon chino ou un jean.
4. Suggère des chaussures de tous les jours - baskets, mocassins ou bottines décontractées.
5. Ajoute des accessoires subtils comme une montre, un sac à dos ou une ceinture.

Notes de style :
- Les palettes neutres (gris, bleu marine, blanc, noir) dominent la mode masculine quotidienne.
- De petites variations comme des manches retroussées, une chemise sortie du pantalon ou une veste superposée ajoutent de la personnalité.
- Les tissus comme le coton, le denim et le jersey offrent confort et polyvalence.

Pourquoi pratiquer cela ?

Les looks masculins décontractés sont parfaits pour s'exercer à l'équilibre et aux proportions. Ces croquis t'aident également à te familiariser avec les superpositions, les postures et les détails subtils.

Réflexion :
- Comment la tenue change-t-elle si tu remplaces le chino par un jean déchiré ?
- Quelle ambiance chaque version du look transmet-elle ?

Essaie de dessiner ici ta propre tenue « de tous les jours ».

Expérimente avec de petits détails pour voir comment ils font évoluer le style d'un look simple vers un look stylé.

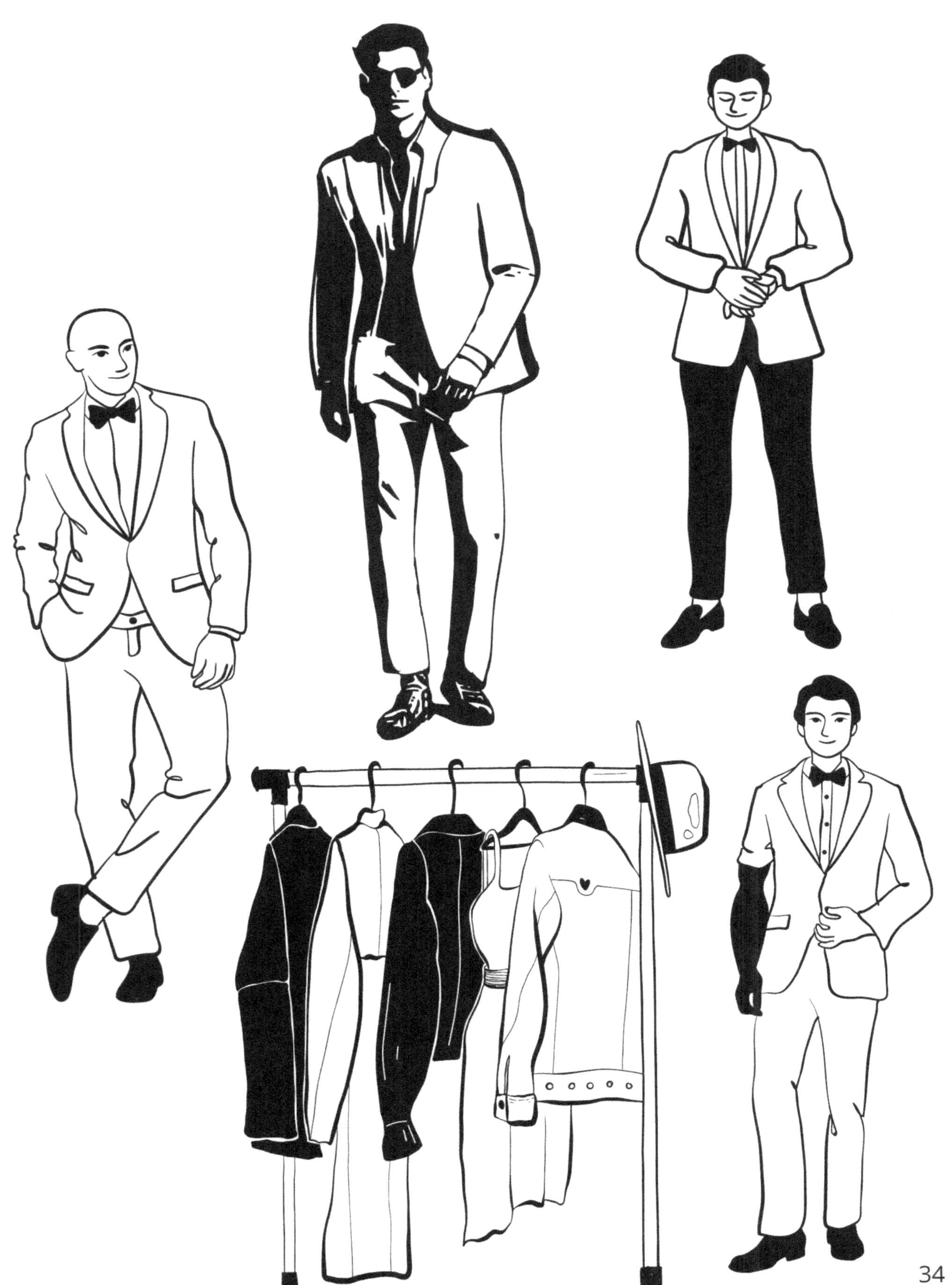

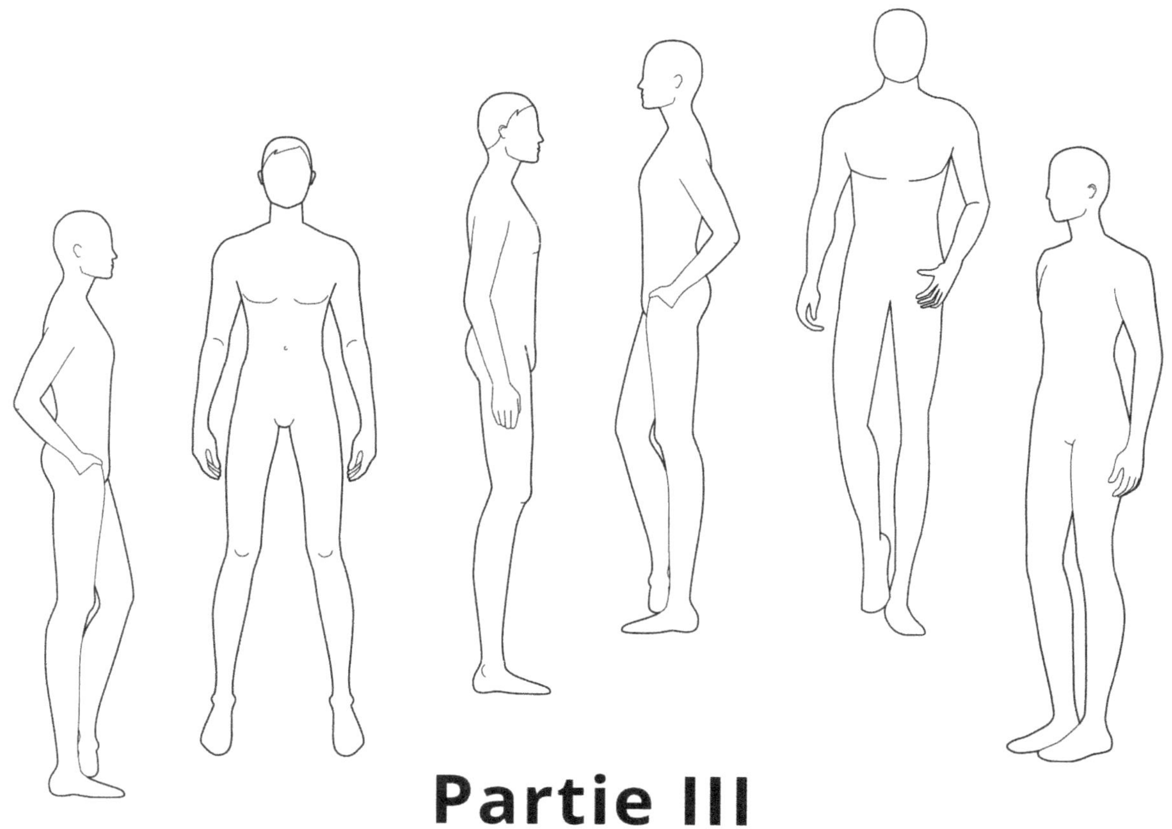

Partie III
- Carnet de croquis et pratique

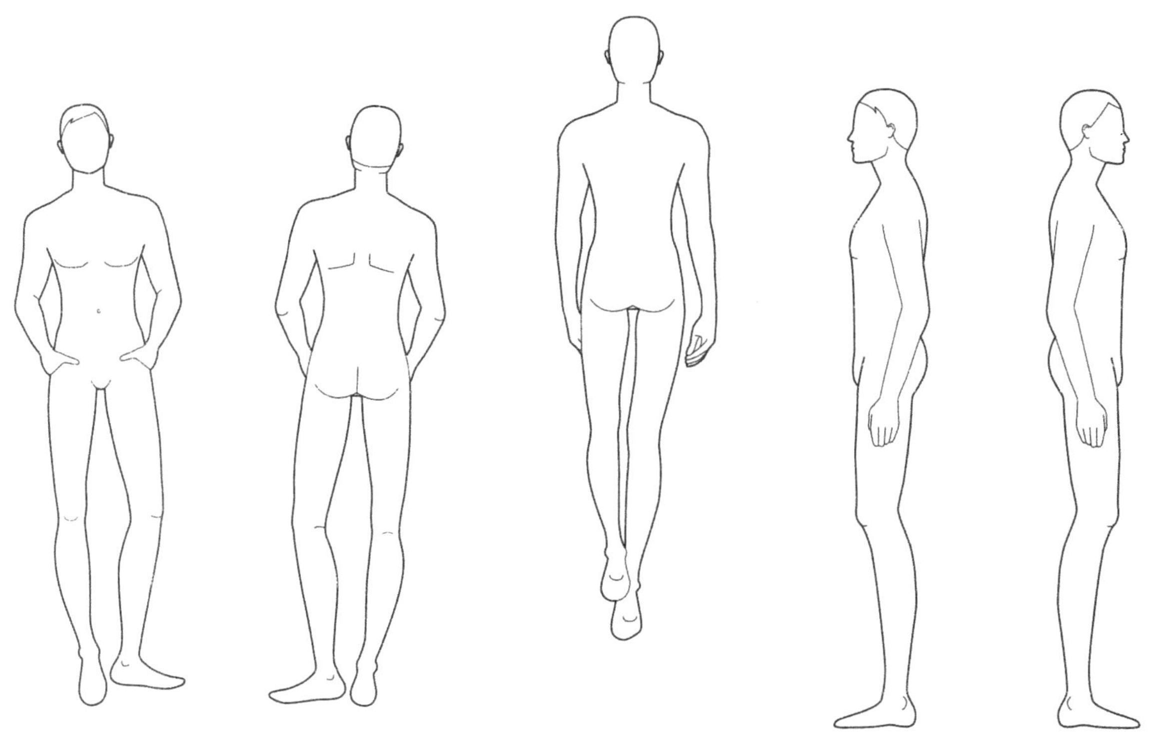

Guide de pratique et notes de mode

La mode masculine se nourrit des détails et de la structure. Utilise cette page pour expérimenter les proportions, les coupes et les superpositions. Ne cherche pas la perfection - chaque essai développe ta maîtrise et aiguise ton regard.

Comment utiliser cette page :

- Essaie d'esquisser une veste à coupe inhabituelle ou une silhouette de pantalon originale.
- Ajoute des superpositions pour voir comment chemises, vestes et manteaux interagissent.
- Utilise les notes pour décrire la texture ou le mouvement.

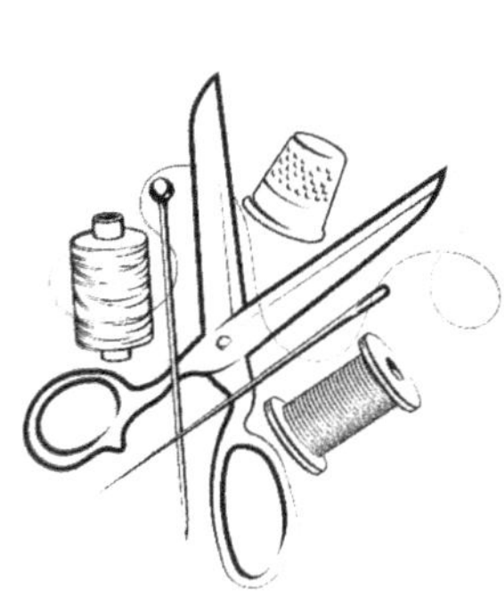

Réflexion et notes :

- Quelle proportion a le mieux fonctionné ?
- La tenue semblait-elle équilibrée ?
- Que pourrais-je améliorer la prochaine fois ?

Astuce : *La précision du détail définit la grande mode masculine.*

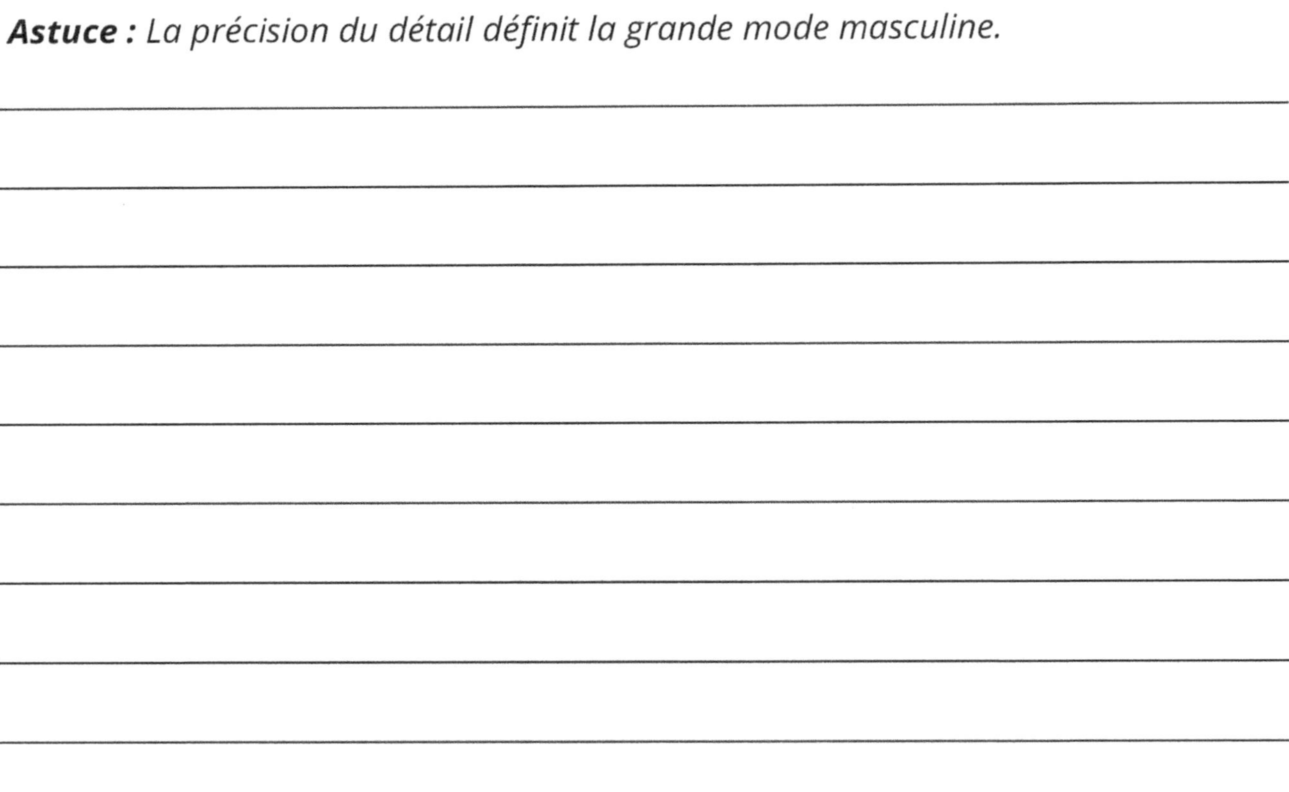

Inspiration tenue : Streetwear

Streetwear classique

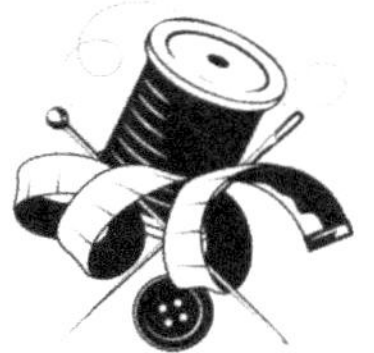

Le streetwear classique repose sur des pièces intemporelles qui ne perdent jamais leur côté cool.

Imagine un jean droit dans un ton moyen, associé à un t-shirt blanc impeccable à la fois décontracté et réfléchi. Superpose une veste bomber ou une veste universitaire pour ajouter instantanément une touche urbaine. Des baskets discrètes, de préférence dans des tons neutres, complètent le look.

Les accessoires restent simples - peut-être une casquette de baseball ou une montre minimaliste.

La force de ce style réside dans sa polyvalence : il convient aussi bien à une journée détendue en ville, à un événement social informel, qu'à une soirée, stylé avec des coupes plus nettes.

Ce look rappelle qu'il n'est pas nécessaire de compliquer la mode. En se concentrant sur des basiques bien coupés et de qualité, la tenue devient intemporelle.

Astuce : Reste sur des teintes neutres comme le noir, le blanc, le gris ou le bleu marine pour la base. Ajoute ensuite une seule touche audacieuse - peut-être une veste rouge, un t-shirt graphique ou des baskets colorées - pour créer un point focal sans dominer l'ensemble.

Tendances

Inspiration

Textiles

Notes

Détails

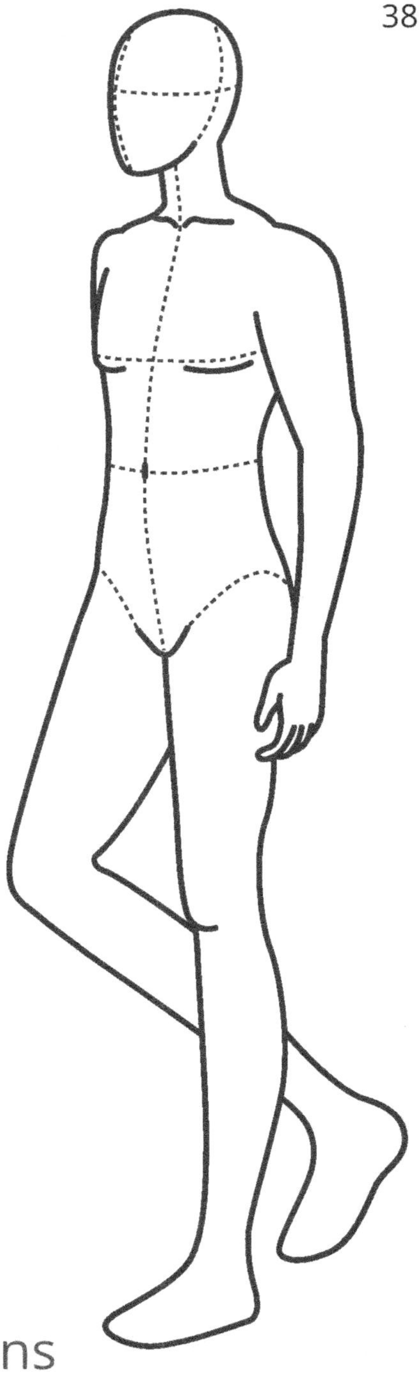

Échantillons

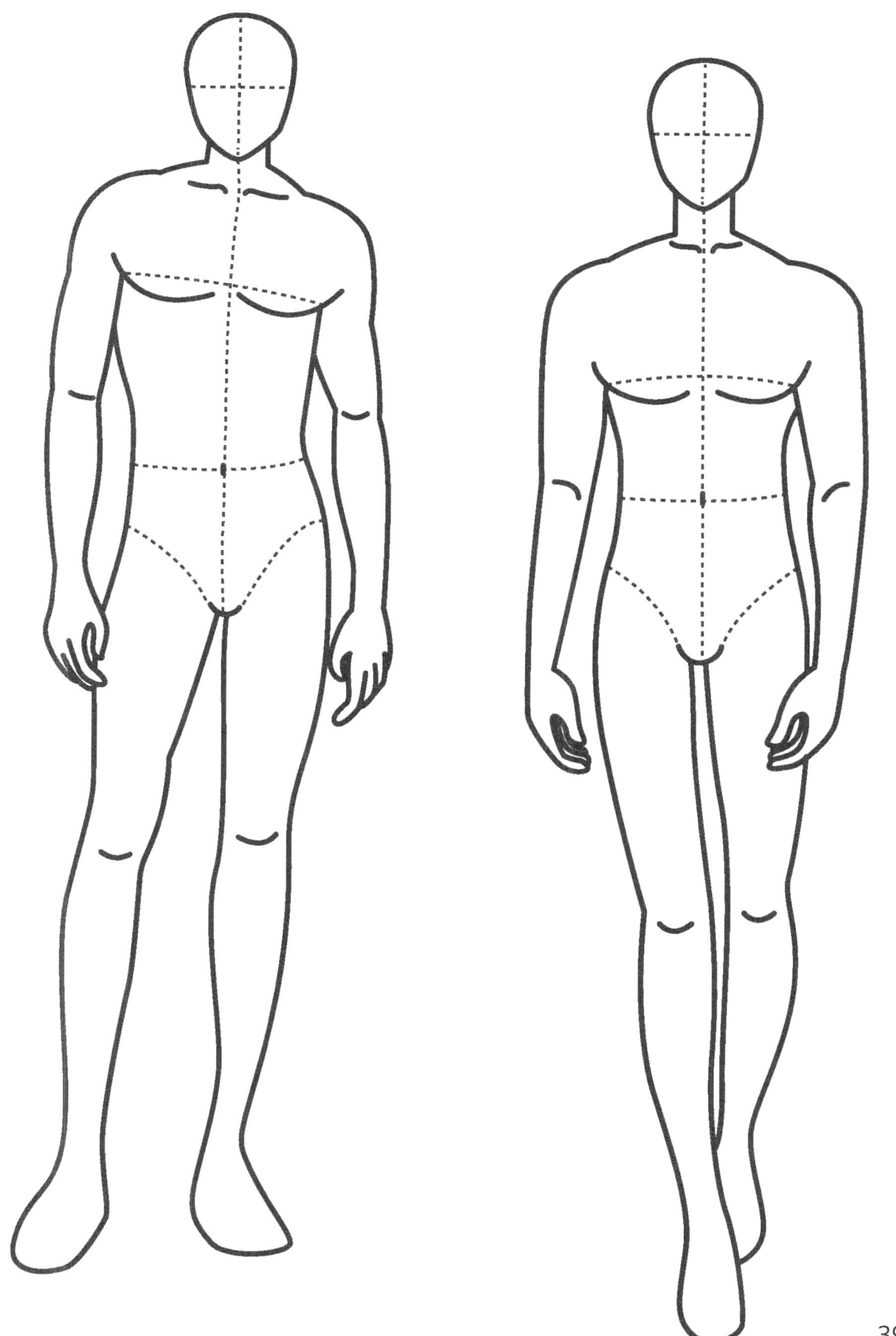

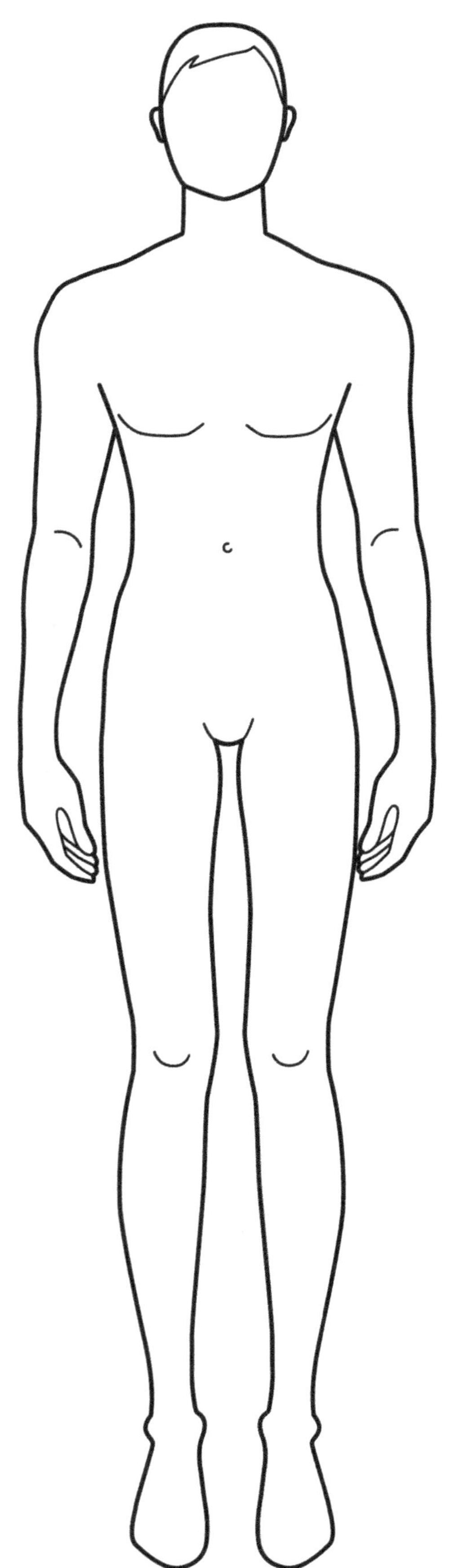
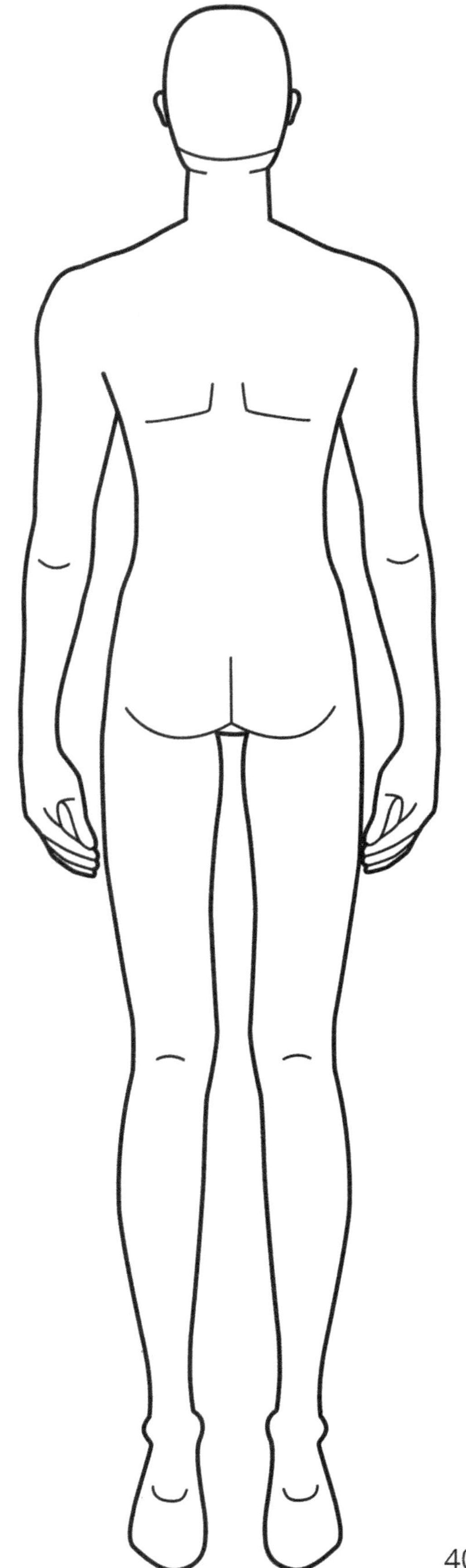

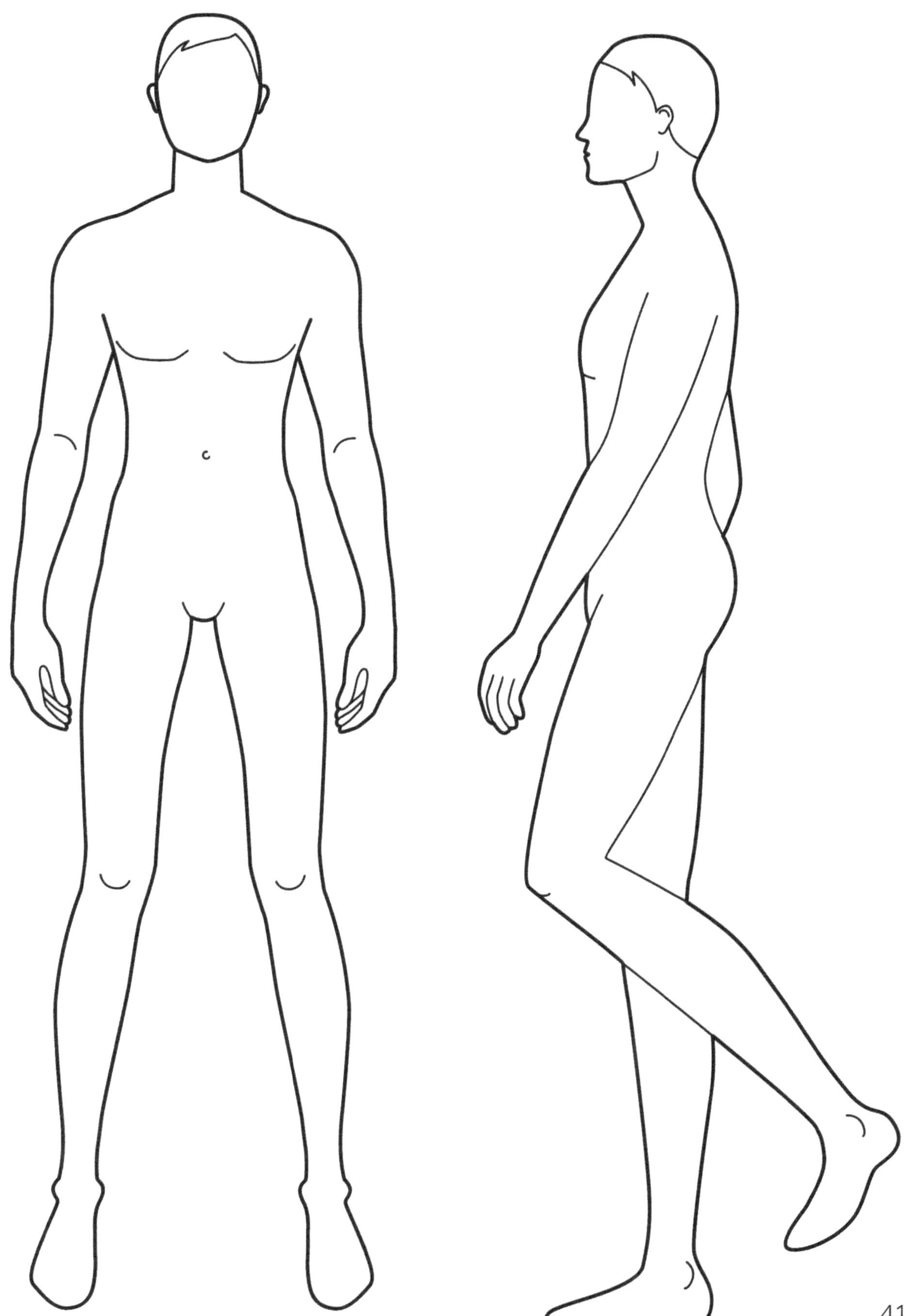

Tes notes et photos d'inspiration

Cette page est ton tableau d'humeur personnel. Utilise-la pour documenter tes expériences de style, capturer tes inspirations et créer un journal de ton parcours de designer.

- Colle des découpages de magazines, des échantillons de tissu ou des croquis de tenues.
- Note ce qui a fonctionné, ce que tu aimerais améliorer et comment tu imagines le design dans la réalité.
- Garde une trace des thèmes ou formes récurrents qui définissent ton esthétique.

Astuce : *Les collections les plus fortes naissent souvent de petites idées. Garde tout ce qui attire ton regard - cela pourrait devenir la graine de ta prochaine grande création.*

Inspiration tenue :
Chic de bureau et glamour de défilé

Costume d'affaires classique + Smoking de tapis rouge

Inspiration chic de bureau

Le costume d'affaires intemporel est la base du style professionnel masculin. Un costume bleu marine ou gris anthracite bien taillé, associé à une chemise blanche impeccable et une cravate simple, dégage une impression d'autorité. Des chaussures Oxford polies et une mallette en cuir renforcent la prestance. Les détails subtils, comme des boutons de manchette ou une pochette, ajoutent une touche de raffinement sans excès.

Inspiration glamour de défilé

Rien n'évoque le tapis rouge comme un smoking parfaitement coupé. Le noir reste un incontournable, mais les tons de pierres précieuses profondes ou les tissus en velours intensifient le côté théâtral. Associe-le à des chaussures vernies et un nœud papillon pour une finition classique. Les coupes ajustées apportent une touche moderne, tandis que les modèles croisés évoquent une élégance intemporelle.

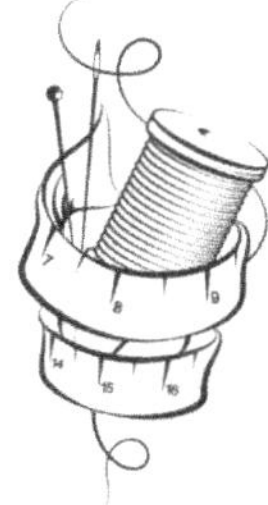

Guide de pratique et notes de mode

Les croquis rapides gardent les idées fraîches. N'hésite pas - capture la première image qui te vient à l'esprit, même si elle est approximative. Le travail rapide conduit souvent à une originalité inattendue.

Comment utiliser cette page :
- Fais un croquis d'échauffement de 5 minutes.
- Concentre-toi sur une seule pièce : chemise, pantalon ou chaussures.
- Annote ton choix de tissu et tes notes de style.

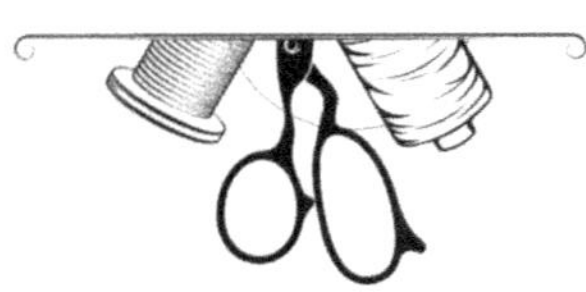

Réflexion et notes :
- La rapidité m'a-t-elle aidé à simplifier ?
- Quel élément semble le plus fort ?
- Que voudrais-je améliorer la prochaine fois ?

Astuce : *Le croquis rapide améliore la clarté et aiguise l'instinct.*

____

____

____

____

____

____

____

____

Inspiration tenue : Streetwear

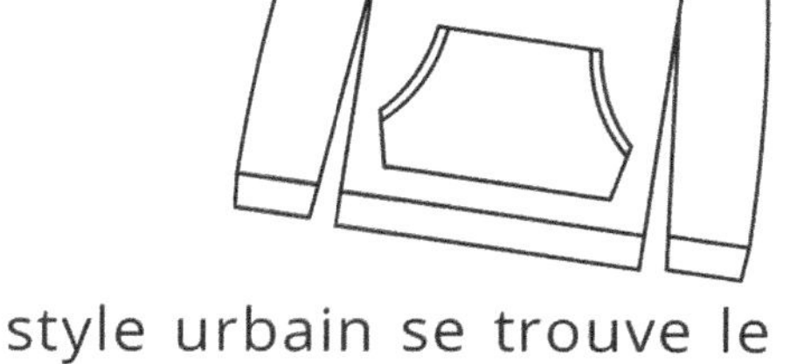

Streetwear inspiré du sport

À l'intersection entre vêtements de sport et style urbain se trouve le streetwear inspiré du sport.

Pense à des joggings à chevilles élastiquées, des baskets élégantes, des sweats à capuche oversize et des casquettes de baseball.

Ce style s'inspire de la piste et de la salle de sport, mais se traduit en tenue quotidienne.

La superposition est essentielle ici - un bomber sur un hoodie, ou une veste zippée avec des bandes latérales audacieuses, peut rehausser instantanément le look.

L'attrait de ce style réside dans le mouvement et le confort : facile à porter, mais toujours soigné lorsqu'il est bien coordonné.

Les couleurs rappellent souvent les uniformes sportifs - noir, blanc, rouge et blocs de couleur vifs.

Ce style vibre d'une énergie active, parfait pour ceux qui veulent une mode capable de suivre leur rythme.

Astuce : Accorde tes baskets à un élément de la tenue - que ce soit le hoodie, une bande sur le pantalon ou même une casquette. Ce petit détail crée une cohérence et rend le look intentionnel plutôt qu'accidentel.

Tendances

Inspiration

Textiles

Notes

Détails

Échantillons

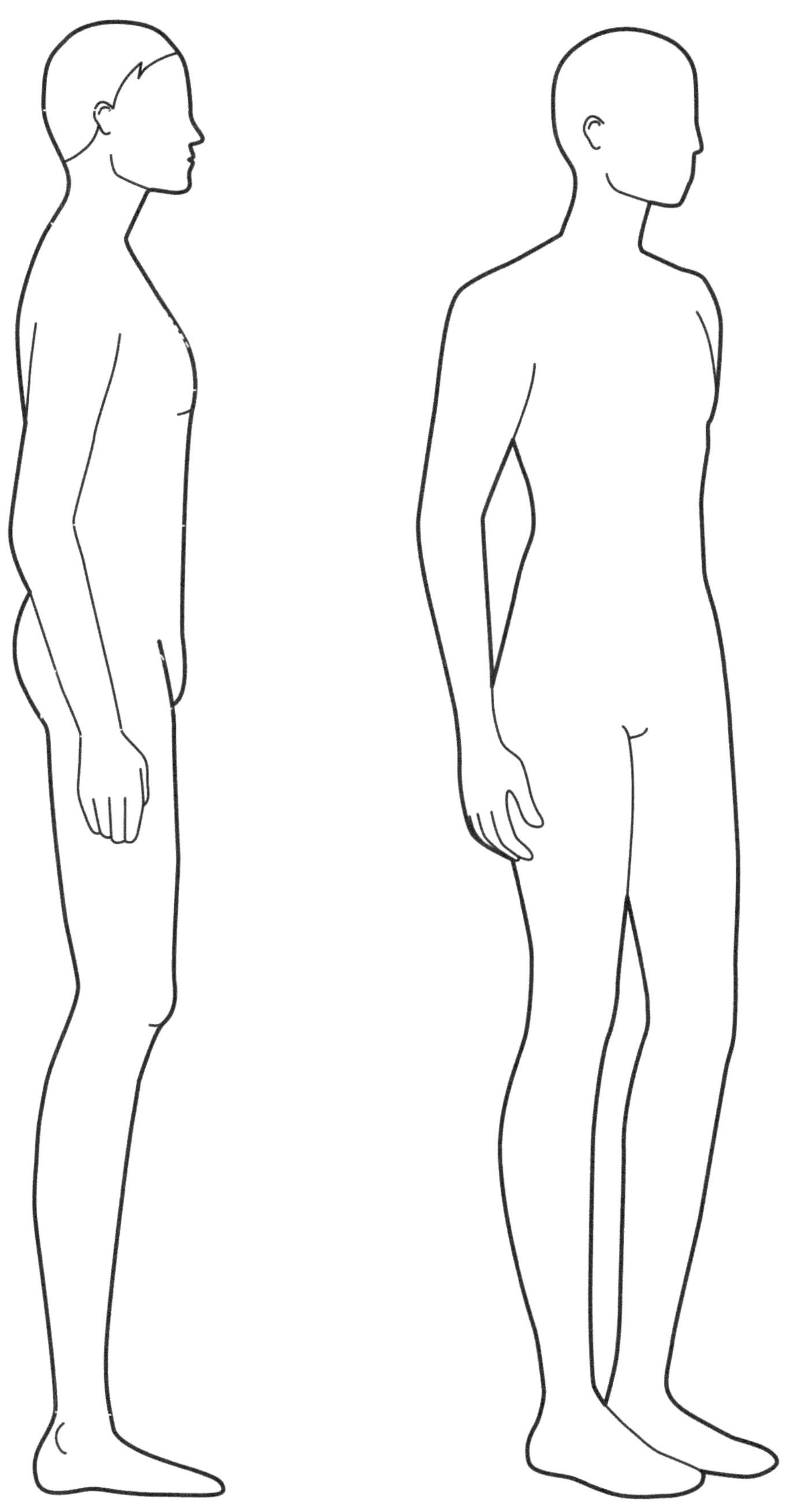

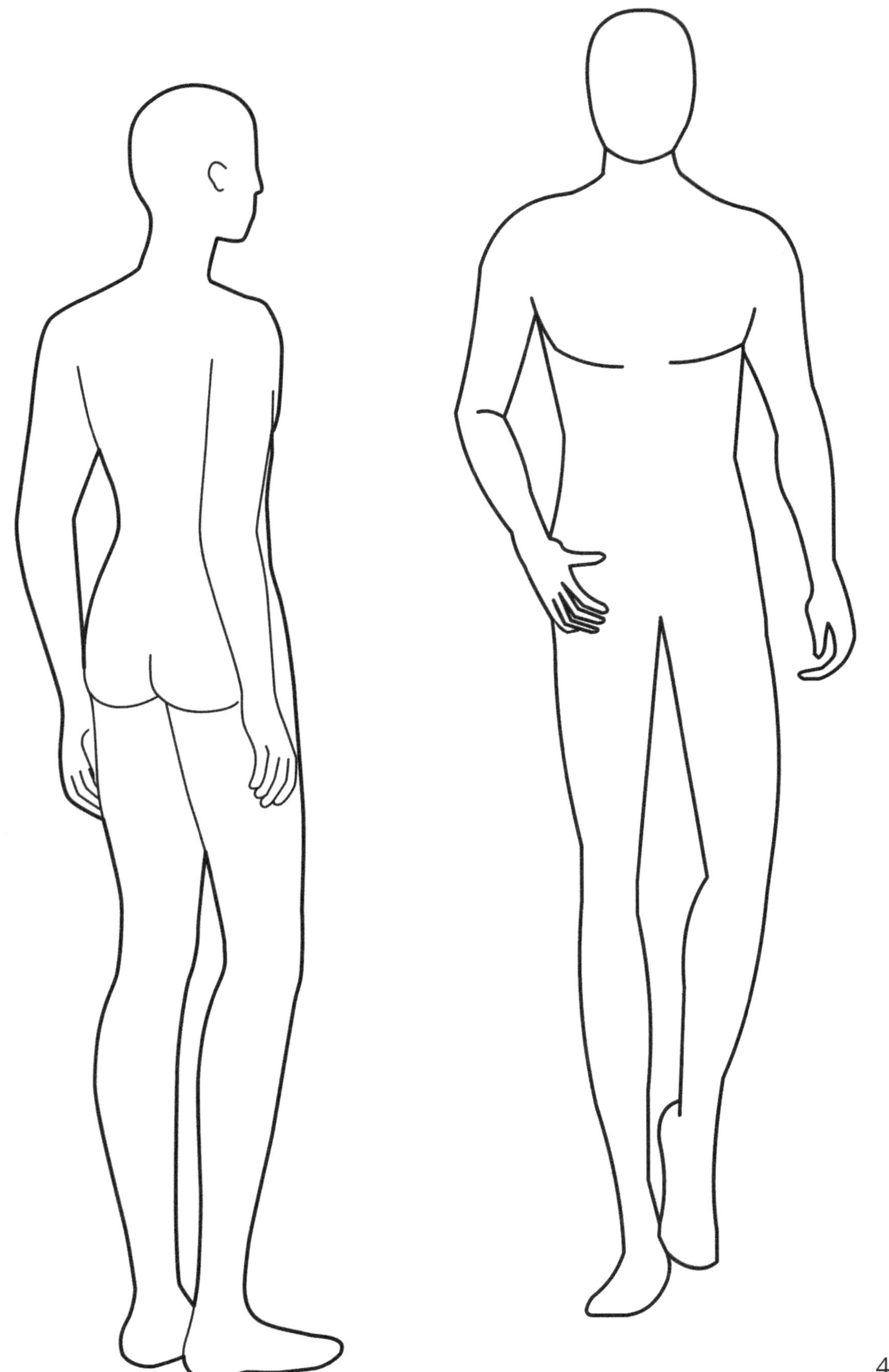

Tes notes et photos d'inspiration ⁴⁹

Cette page est ton tableau d'humeur personnel. Utilise-la pour documenter tes expériences de style, capturer tes inspirations et créer un journal de ton parcours de designer.

- Colle des découpages de magazines, des échantillons de tissu ou des croquis de tenues.
- Note ce qui a fonctionné, ce que tu aimerais améliorer et comment tu imagines le design dans la réalité.
- Garde une trace des thèmes ou formes récurrents qui définissent ton esthétique.

Astuce : *Les collections les plus fortes naissent souvent de petites idées. Garde tout ce qui attire ton regard - cela pourrait devenir la graine de ta prochaine grande création.*

Inspiration tenue :
Chic de bureau et glamour de défilé

Tenue minimaliste de travail + Mode masculine futuriste

Inspiration chic de bureau

Le minimalisme dans la mode masculine de bureau repose sur des lignes nettes et des palettes douces. Associe un pantalon slim à un pull léger ou une chemise unie. Les chaussures doivent rester sobres - des mocassins ou des baskets en cuir apportent de la modernité sans excès de formalité. Ce look exprime la concentration, la simplicité et un professionnalisme moderne.

Inspiration glamour de défilé

La mode masculine futuriste est audacieuse et expérimentale. Pense à des tissus métalliques, des manteaux sculpturaux ou des coupes asymétriques. L'argenté, le chrome ou les accents holographiques créent un effet d'un autre monde. Les chaussures peuvent mêler matériaux inhabituels, fusionnant mode et innovation.

Guide de pratique et notes de mode

Les vêtements expriment le caractère. Utilise cette page pour créer une tenue inspirée d'un style de vie, d'une humeur ou d'une situation.

Comment utiliser cette page :

- Choisis un thème (sport, voyage, vie urbaine).
- Exprime-le à travers les coupes, les accessoires et les tissus.
- Écris comment chaque détail soutient le thème.

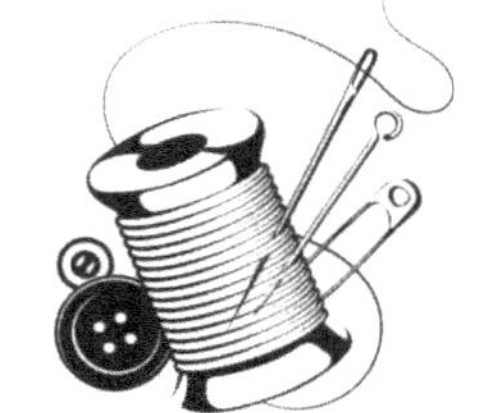

Réflexion et notes :

- Ai-je capté l'ambiance choisie ?
- Quelle partie de la tenue raconte le mieux l'histoire ?
- Comment pourrais-je pousser le concept plus loin ?

Astuce : *Le style masculin devient puissant lorsqu'il reflète l'identité.*

Inspiration tenue : Streetwear

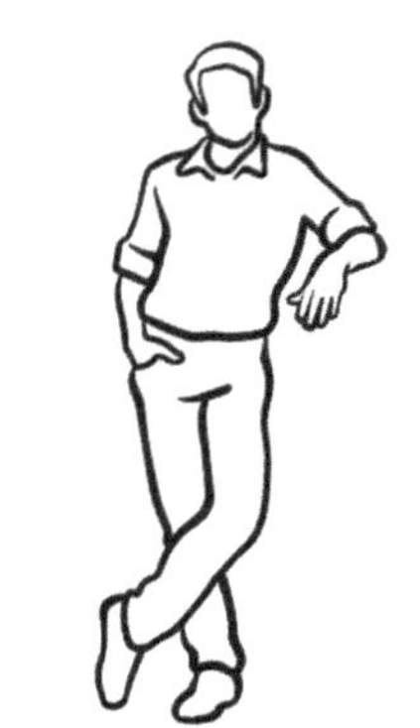

Oversize et décontracté

Le streetwear oversize repose sur le confort tout en affirmant une forte personnalité. Imagine un hoodie ample, un jean très large et des baskets massives. Ajoute un bob ou un bonnet oversize, et soudain la tenue devient à la fois urbaine et tendance.

La silhouette oversize est adoptée par les jeunes générations comme un moyen de rejeter la formalité et de privilégier l'aisance.

Mais ce n'est pas qu'une question de vêtements amples - les proportions doivent être réfléchies.

Associer un haut très large à un pantalon tout aussi ample peut écraser la silhouette, donc beaucoup choisissent une seule pièce oversize équilibrée par un élément plus ajusté.

Les tenues oversize laissent de la liberté de mouvement et d'expression, et paraissent particulièrement modernes lorsqu'elles sont composées de plusieurs couches ou d'accessoires audacieux.

Astuce : Joue sur les proportions. Si ton hoodie est très ample, équilibre-le avec un pantalon plus ajusté. Si ton pantalon est large, choisis une veste courte ou légèrement cintrée. Cela garde le look avant-gardiste mais portable.

Tendances

Inspiration

Textiles

Notes

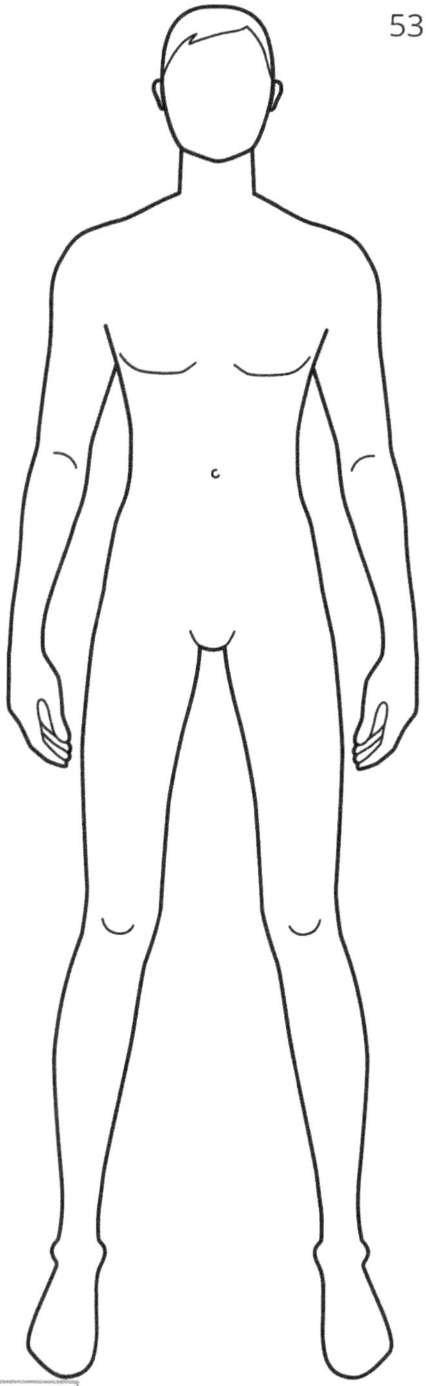

Détails

Échantillons

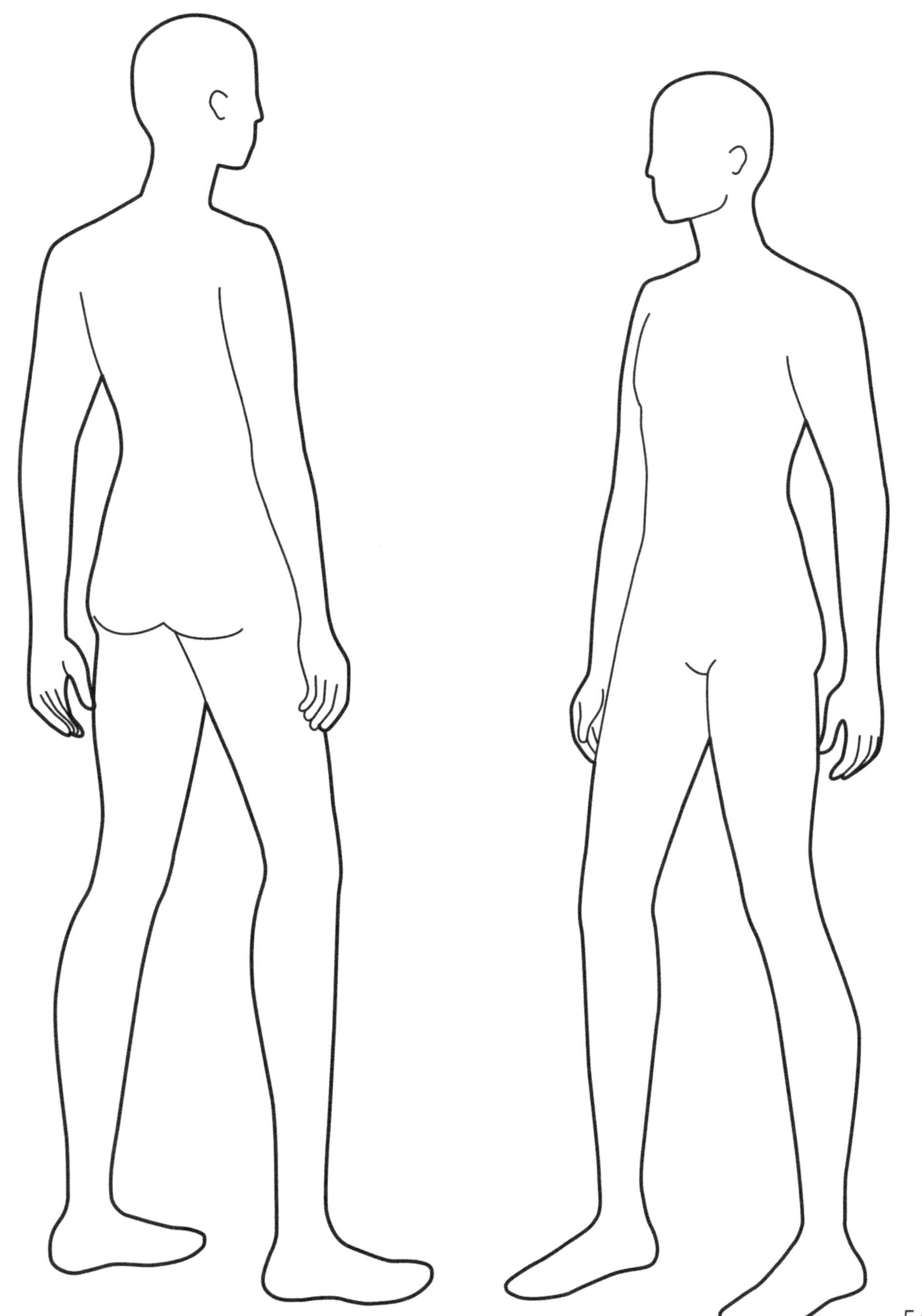

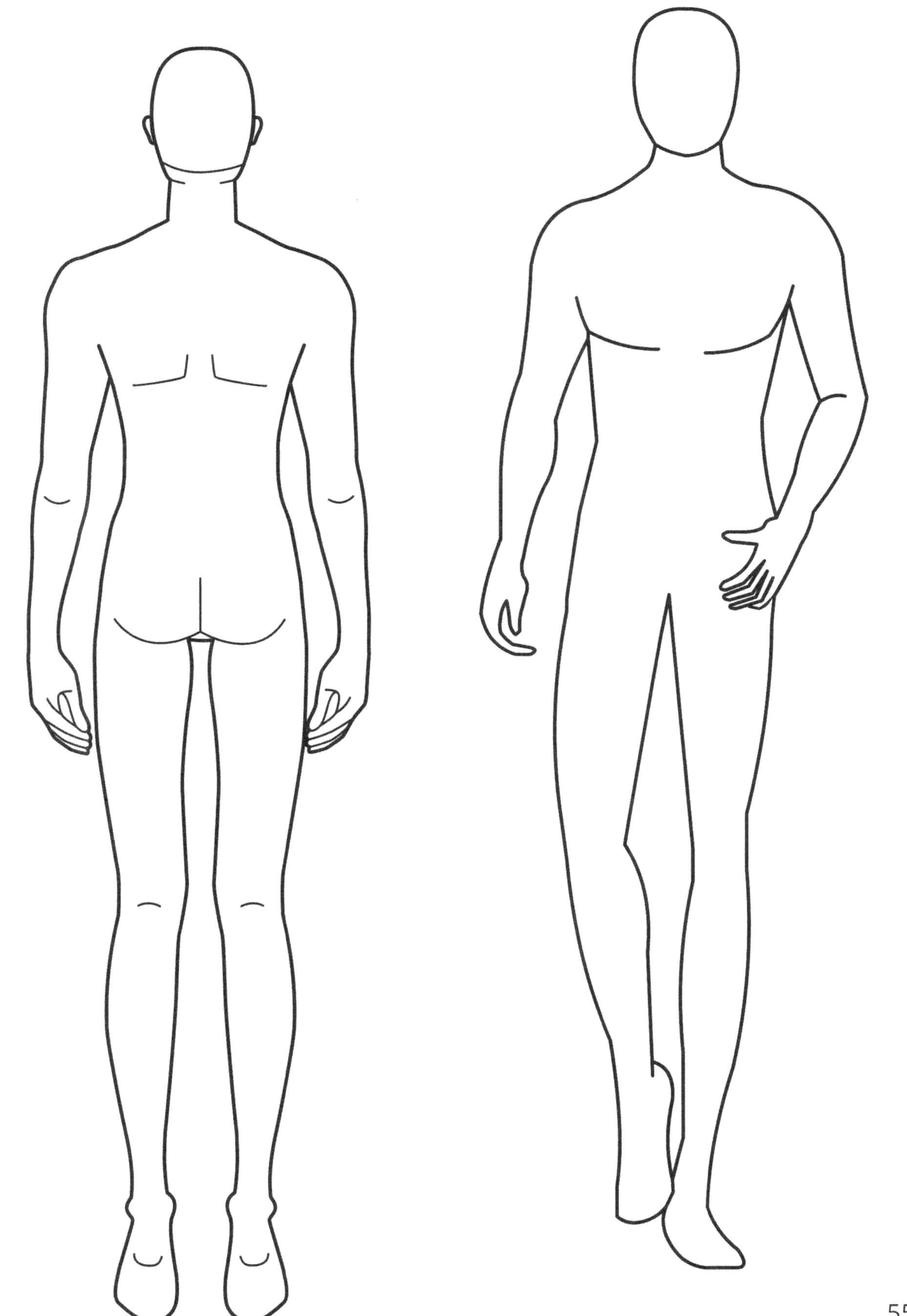

Tes notes et photos d'inspiration

Cette page est ton tableau d'humeur personnel. Utilise-la pour documenter tes expériences de style, capturer tes inspirations et créer un journal de ton parcours de designer.

- Colle des découpages de magazines, des échantillons de tissu ou des croquis de tenues.
- Note ce qui a fonctionné, ce que tu aimerais améliorer et comment tu imagines le design dans la réalité.
- Garde une trace des thèmes ou formes récurrents qui définissent ton esthétique.

Astuce : *Les collections les plus fortes naissent souvent de petites idées. Garde tout ce qui attire ton regard - cela pourrait devenir la graine de ta prochaine grande création.*

Inspiration tenue :
Chic de bureau et glamour de défilé

Professionnel créatif + Glamour de festival

Inspiration chic de bureau

Dans les métiers créatifs, les hommes peuvent adopter des looks de bureau expressifs. Des chemises à motifs, des blazers décontractés ou des pantalons dans des tons inattendus apportent de la personnalité au lieu de travail. Superposer des écharpes légères ou des tricots texturés ajoute une touche d'individualité sans perdre en professionnalisme.

Inspiration glamour de défilé

Le glamour inspiré des festivals est énergique et éclectique. Les vestes à paillettes, le denim orné et les imprimés audacieux dominent. Les franges, broderies et accessoires métalliques renforcent l'esprit festif. Ces tenues brillent sous les projecteurs, exprimant confiance et vitalité.

Guide de pratique et notes de mode

L'innovation commence par le contraste. Cette page est ton laboratoire pour mélanger différents codes stylistiques et repousser les limites.

Comment utiliser cette page :

- Combine le décontracté et le formel (un hoodie avec un blazer).
- Expérimente les coupes oversize et les coupes ajustées.
- Note ce qui s'oppose et ce qui s'harmonise.

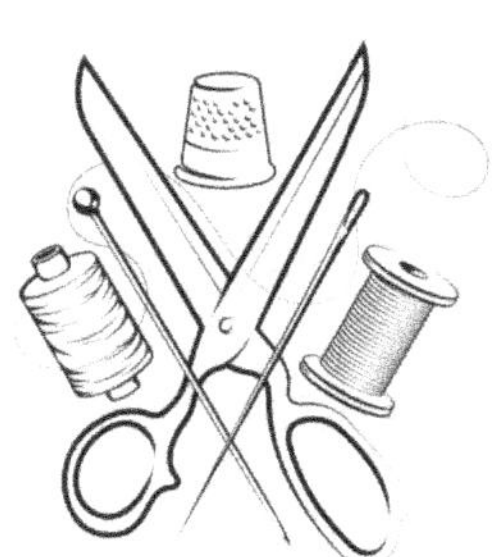

Réflexion et notes :

- Quelle combinaison m'a le plus surpris ?
- Le mélange semblait-il équilibré ou chaotique ?
- Ce design fonctionnerait-il dans la vie réelle ?

Astuce : Les mélanges inattendus créent souvent des looks masculins novateurs.

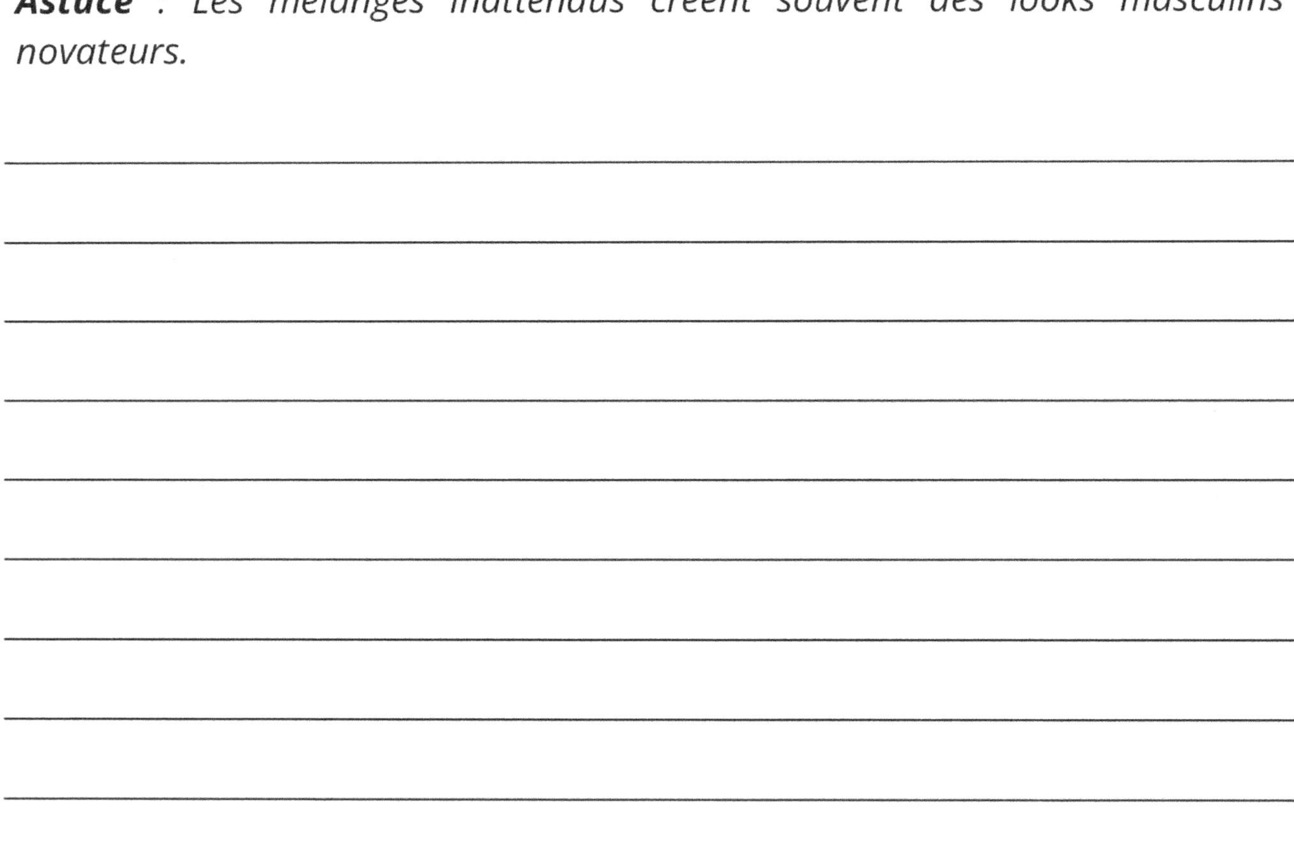

Inspiration tenue : Streetwear

Style denim urbain

Le denim est un pilier du streetwear depuis des décennies, et la clé réside dans la variété. Jeans déchirés, vestes usées, créations en patchwork et délavages contrastés maintiennent le look frais et expérimental. Superposer le denim sur des t-shirts graphiques ou des hoodies crée une allure brute mais stylée.

Ce style célèbre l'esthétique « vécu » - plus une pièce paraît unique et usée, plus elle dégage de caractère.

Le double denim peut fonctionner s'il est bien équilibré : associer une veste claire avec un jean foncé ou inversement. Des accessoires comme des chaînes, des casquettes ou des baskets unissent l'ensemble.

Le streetwear en denim est idéal pour les journées décontractées où l'on veut une touche de robustesse et de personnalité.

Astuce : Évite d'assortir parfaitement les teintes de denim. Joue plutôt sur le contraste clair/foncé ou ajoute une pièce forte (comme un hoodie coloré) pour casser la monotonie.

Tendances

Inspiration

Textiles

Notes

Détails

Échantillons

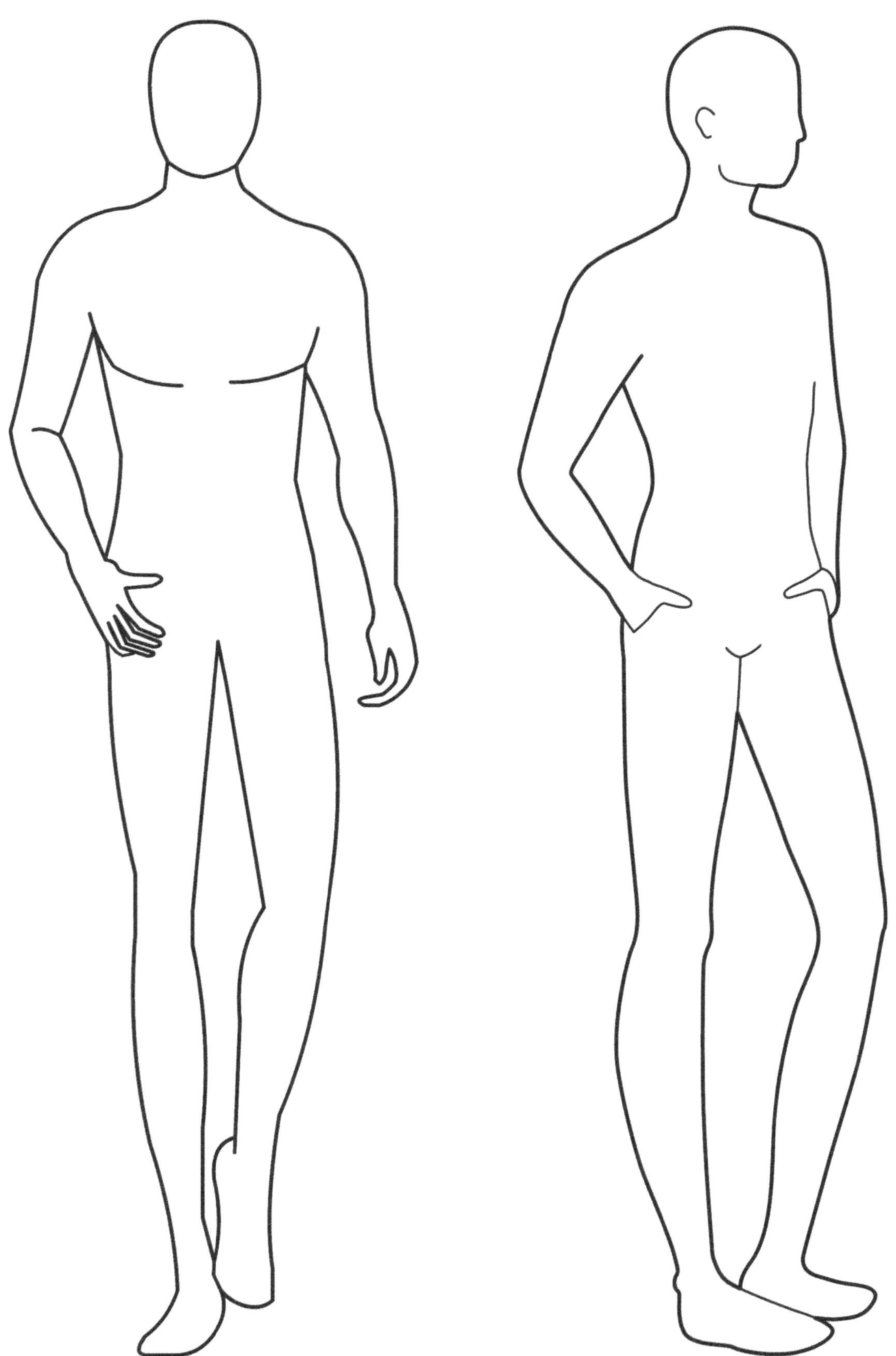

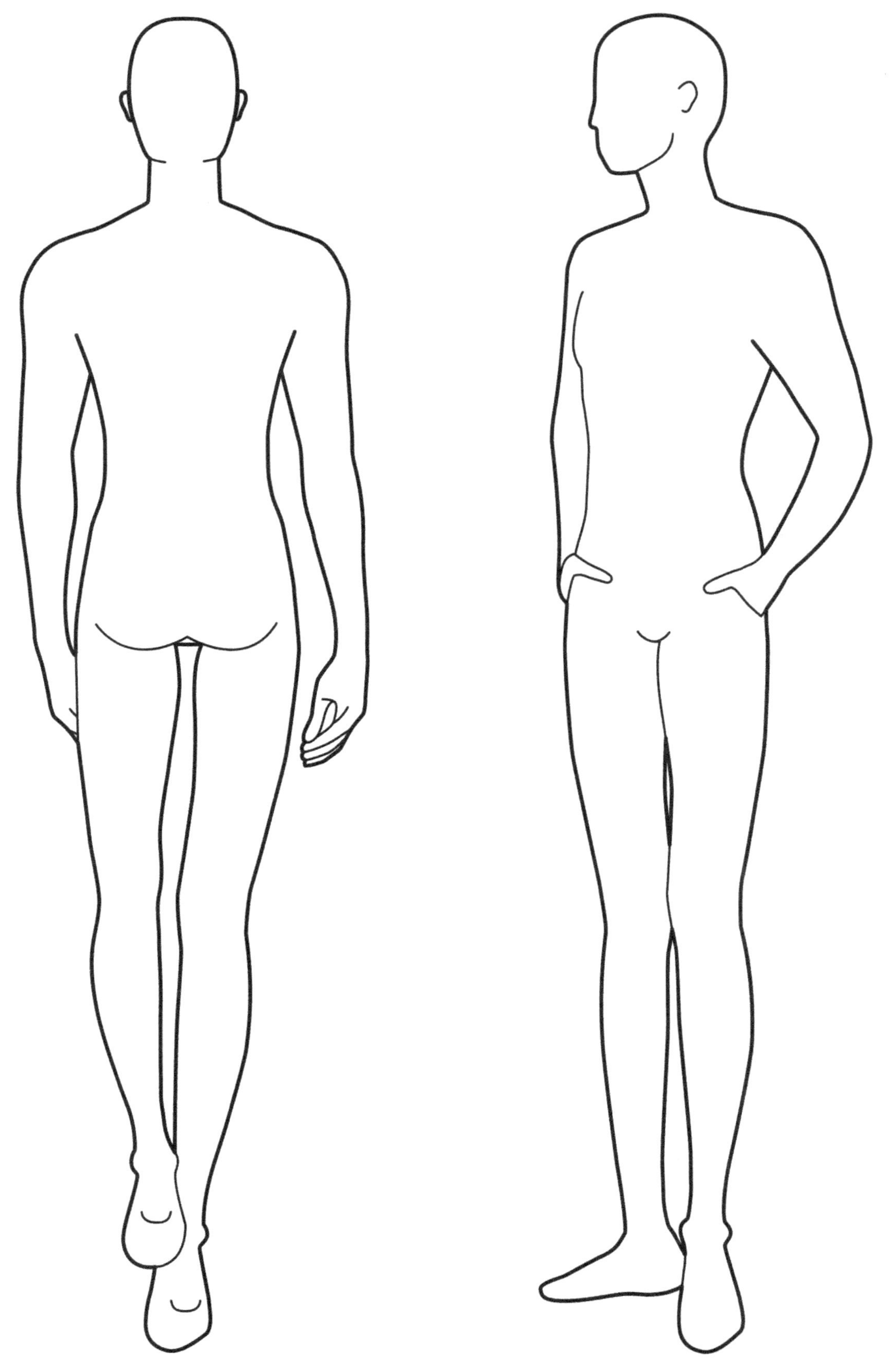

Tes notes et photos d'inspiration

Cette page est ton tableau d'humeur personnel. Utilise-la pour documenter tes expériences de style, capturer tes inspirations et créer un journal de ton parcours de designer.

- Colle des découpages de magazines, des échantillons de tissu ou des croquis de tenues.
- Note ce qui a fonctionné, ce que tu aimerais améliorer et comment tu imagines le design dans la réalité.
- Garde une trace des thèmes ou formes récurrents qui définissent ton esthétique.

Astuce : *Les collections les plus fortes naissent souvent de petites idées. Garde tout ce qui attire ton regard - cela pourrait devenir la graine de ta prochaine grande création.*

Inspiration tenue :
Chic de bureau et glamour de défilé

Costume de puissance + Glamour écoresponsable

Inspiration chic de bureau

Le power suit repose sur une coupe précise et une présence affirmée. Des vestes structurées aux épaules larges, portées sur des chemises ajustées et des pantalons fins, créent une allure d'autorité. Les teintes sombres comme le bleu marine ou le noir, combinées à des chaussures polies, complètent l'ensemble. Les accessoires restent minimalistes mais intentionnels.

Inspiration glamour de défilé

Le glamour durable prouve que la mode masculine peut être responsable et élégante. Des tenues réalisées à partir de tissus recyclés ou de fibres naturelles créent un impact digne des podiums. Les tons neutres, les coupes nettes et les accessoires éthiques incarnent le luxe conscient sans compromis.

Guide de pratique et notes de mode

La mode masculine repose aussi sur la praticité. Les vêtements doivent équilibrer style, confort et fonctionnalité.

Comment utiliser cette page :
- Dessine une tenue pour un usage précis (travail, sport, week-end).
- Pense au mouvement et au confort.
- Ajoute des notes sur les tissus et la praticité.

Réflexion et notes :
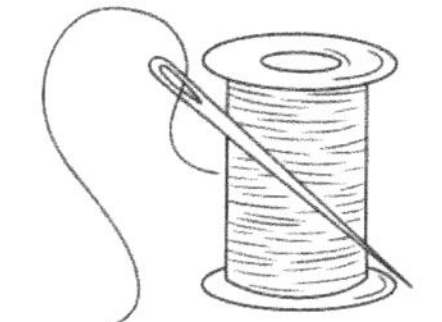
- Ai-je marié confort et style ?
- Quel élément apporte le plus de fonctionnalité ?
- Comment pourrais-je adapter ce design ?

Astuce : *La fonctionnalité donne à la mode masculine une valeur durable.*

____

____

____

____

____

____

____

____

Inspiration tenue : Streetwear

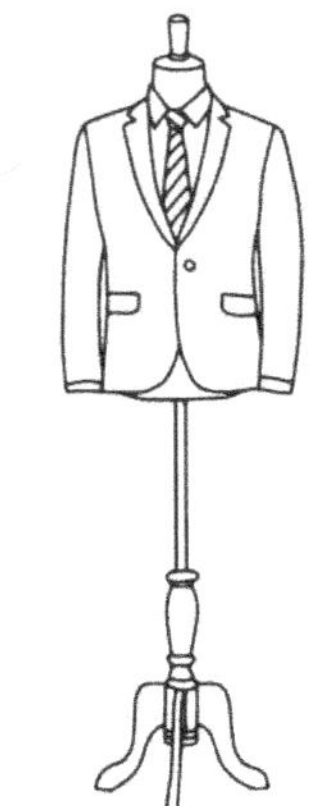

Streetwear monochrome

Le look streetwear monochrome est élégant, puissant et étonnamment polyvalent. S'habiller de la tête aux pieds en noir, blanc ou beige terreux crée une allure harmonieuse et stylée.

L'astuce réside dans le mélange des textures : un hoodie en coton mat, une veste en nylon brillant et des baskets en cuir ajoutent de la profondeur, même si les couleurs restent les mêmes.

Les tenues monochromes dégagent une énergie futuriste, intentionnelle et très photogénique. Elles peuvent être habillées ou décontractées selon les accessoires.

Une tenue tout en noir crée toujours une présence affirmée, tandis qu'une tenue toute blanche évoque une énergie fraîche et minimaliste.

Astuce : Monochrome ne veut pas dire ennuyeux - joue sur les textures (denim, nylon, laine, cuir) pour garder la tenue dynamique. Des accessoires comme des casquettes, ceintures ou chaînes superposées ajoutent un contraste subtil sans briser le thème.

Tendances

Inspiration

Textiles

Notes

Détails

Échantillons

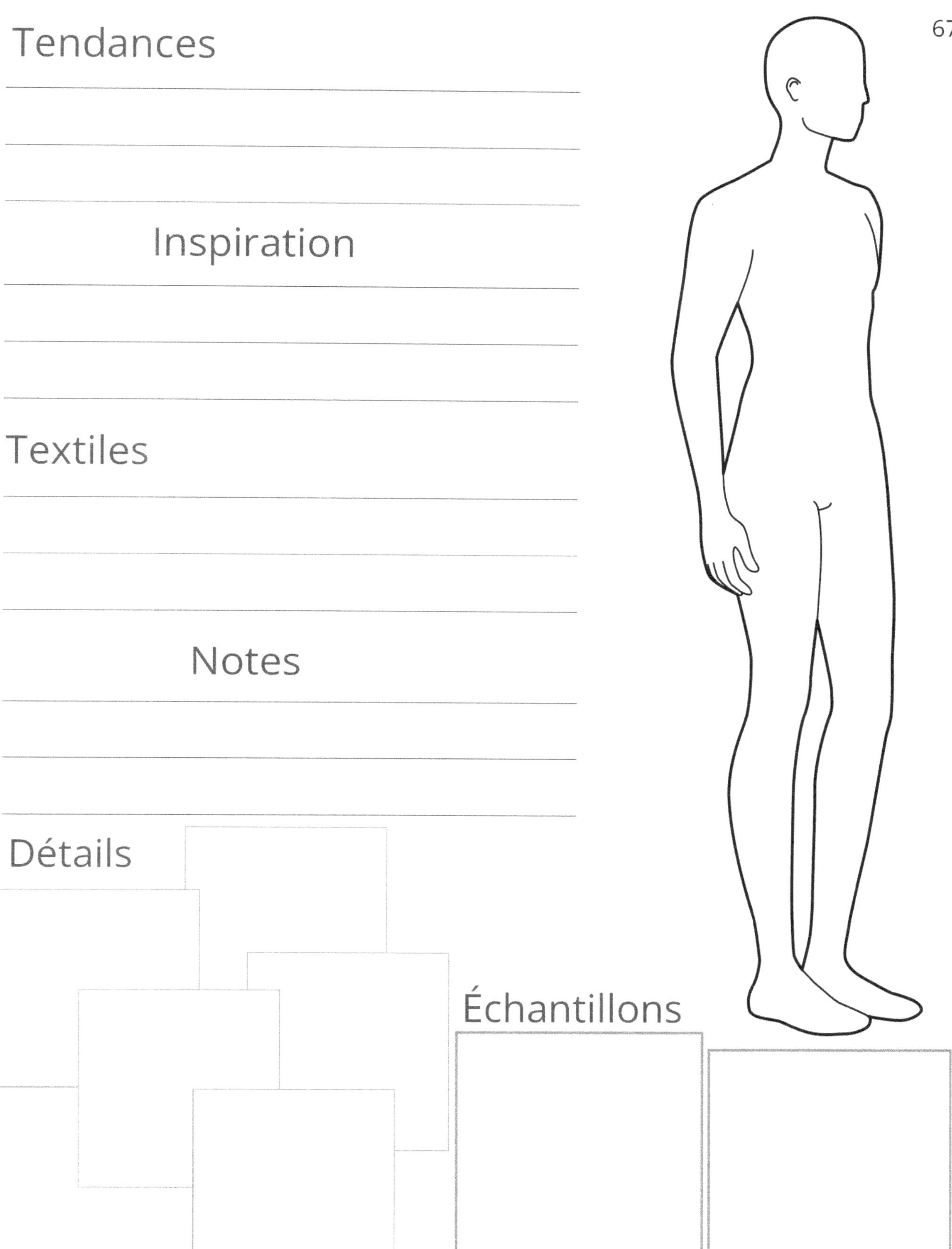

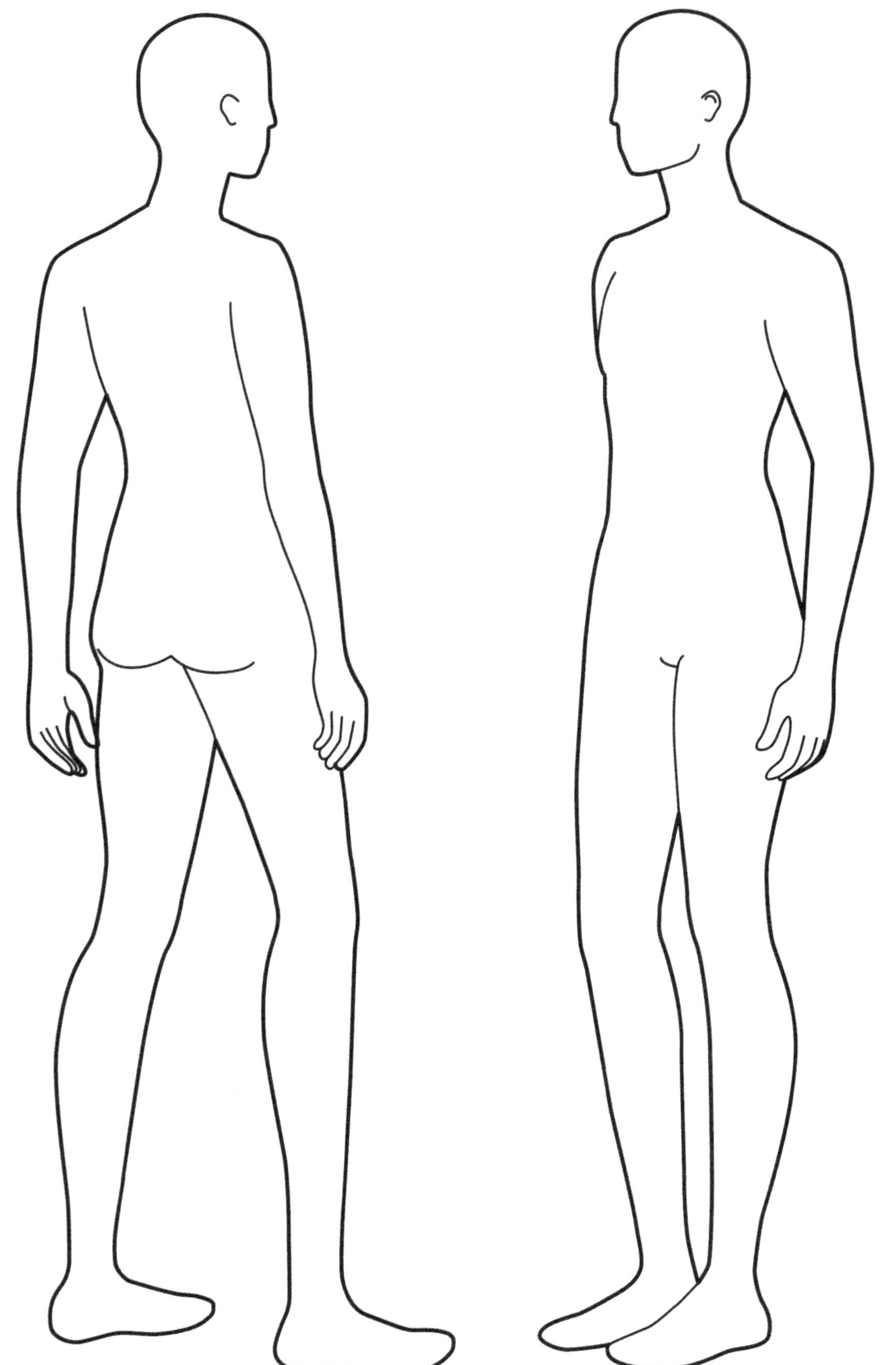

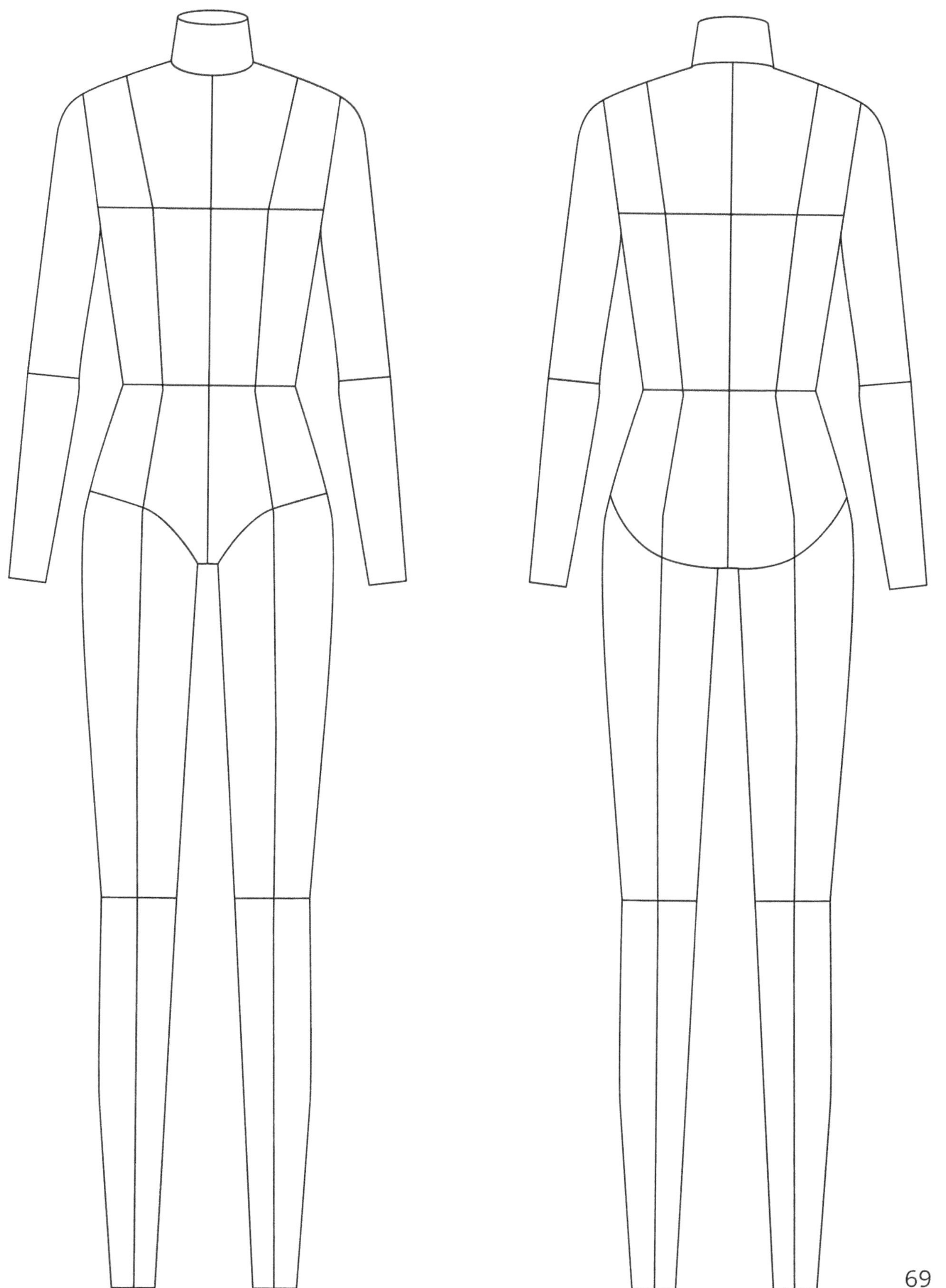

Tes notes et photos d'inspiration

Cette page est ton tableau d'humeur personnel. Utilise-la pour documenter tes expériences de style, capturer tes inspirations et créer un journal de ton parcours de designer.

- Colle des découpages de magazines, des échantillons de tissu ou des croquis de tenues.
- Note ce qui a fonctionné, ce que tu aimerais améliorer et comment tu imagines le design dans la réalité.
- Garde une trace des thèmes ou formes récurrents qui définissent ton esthétique.

Astuce : *Les collections les plus fortes naissent souvent de petites idées. Garde tout ce qui attire ton regard - cela pourrait devenir la graine de ta prochaine grande création.*

Inspiration tenue :
Chic de bureau et glamour de défilé

Vendredi décontracté + Haute couture masculine

Inspiration chic de bureau

Le "Casual Friday" permet une élégance détendue. Un jean foncé associé à un blazer et une chemise nette offre le juste équilibre. Des mocassins ou bottines Chelsea élèvent le look, tandis que des accessoires comme une ceinture ou une montre en cuir gardent la touche professionnelle. Le confort et le raffinement coexistent ici sans effort.

Inspiration glamour de défilé

La haute couture masculine incarne l'artisanat et la créativité. Des broderies faites main, des coupes sur mesure et des tissus luxueux comme la soie ou le velours créent des ensembles spectaculaires. Des vestes aux revers exagérés ou aux broderies superposées transforment les vêtements du quotidien en véritables œuvres d'art.

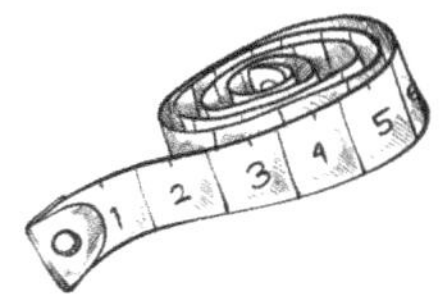

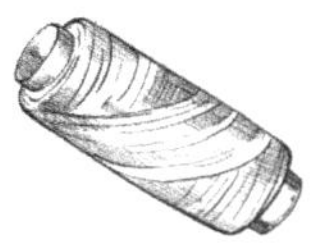

Guide de pratique et notes de mode

Les textures apportent de la profondeur aux tenues masculines. La laine, le denim, le cuir ou les tricots peuvent complètement transformer un look.

Comment utiliser cette page :
- Dessine une tenue en superposition et indique les tissus.
- Mélange textures lourdes et légères (manteau en laine avec t-shirt en coton).
- Écris des notes sur la manière dont elles interagissent.

Réflexion et notes :
- Quelle combinaison a le mieux fonctionné ?
- Les textures ont-elles amélioré la silhouette ?
- Comment pourrais-je affiner le croquis ?

Astuce : *Le choix des textures transforme les designs simples en déclarations fortes.*

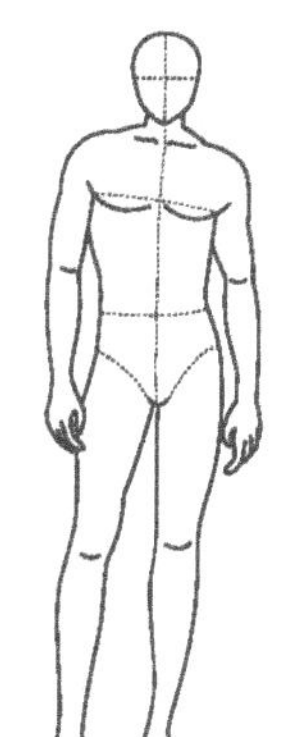

Inspiration tenue : Streetwear

Graphismes et imprimés audacieux

Le streetwear vit à travers l'expression visuelle, et rien n'est plus percutant que des hoodies graphiques, des t-shirts imprimés ou des baskets à motifs.

Ces designs te permettent d'exprimer ta personnalité à travers la mode - que ce soit via l'art abstrait, des slogans ou des motifs inspirés de la rue.

Associe des imprimés audacieux à des basiques neutres pour éviter la surcharge visuelle.

Par exemple, un hoodie recouvert de motifs colorés peut être équilibré avec un pantalon noir et des baskets simples.

L'essentiel est de laisser une pièce dominante briller tandis que le reste de la tenue reste sobre.

Astuce : *Une seule pièce forte suffit. Si tu portes un hoodie chargé de motifs, garde le pantalon et les chaussures neutres. Sinon, le look risque de paraître encombré plutôt qu'expressif.*

Tendances

Inspiration

Textiles

Notes

Détails

Échantillons

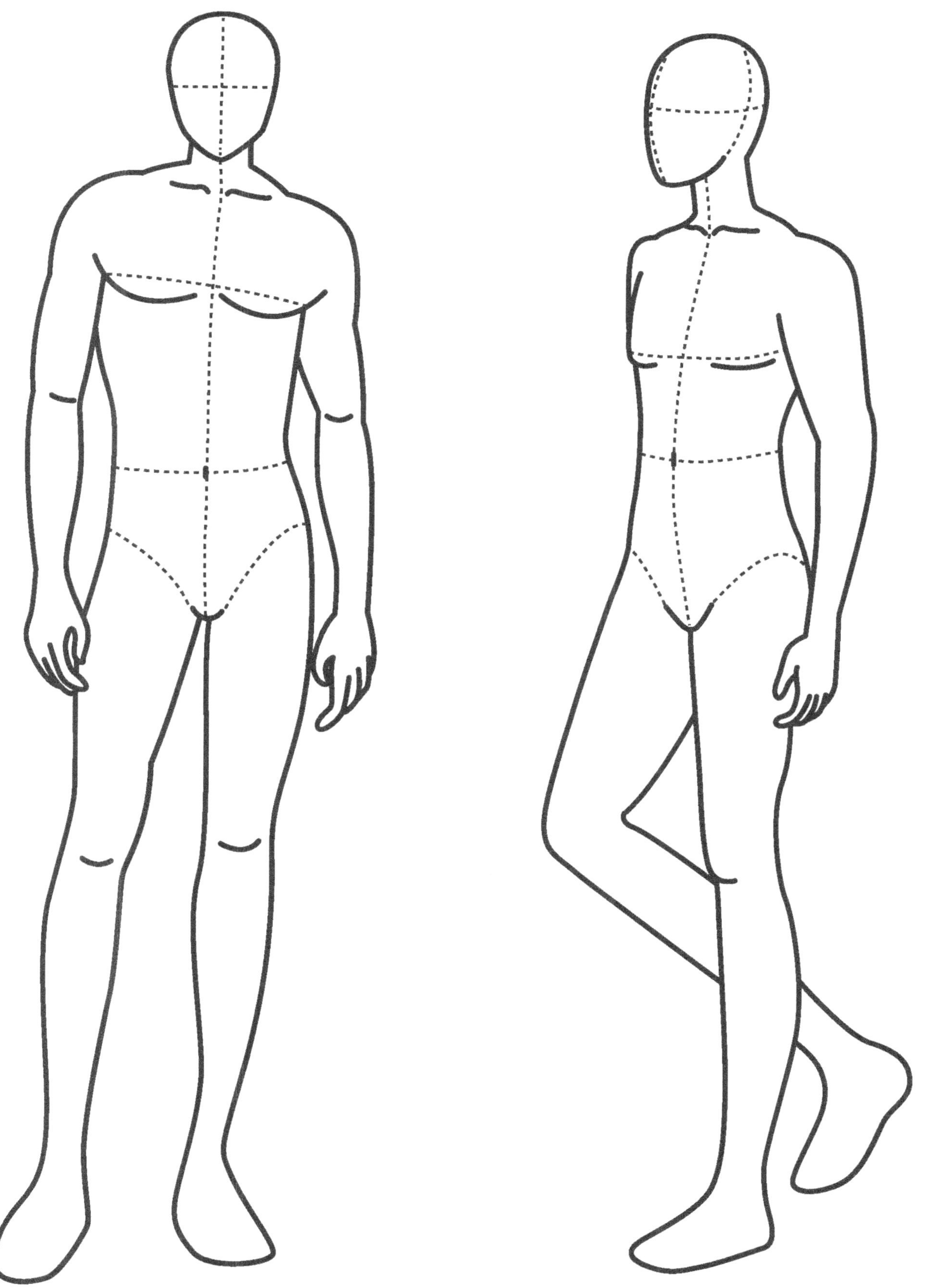

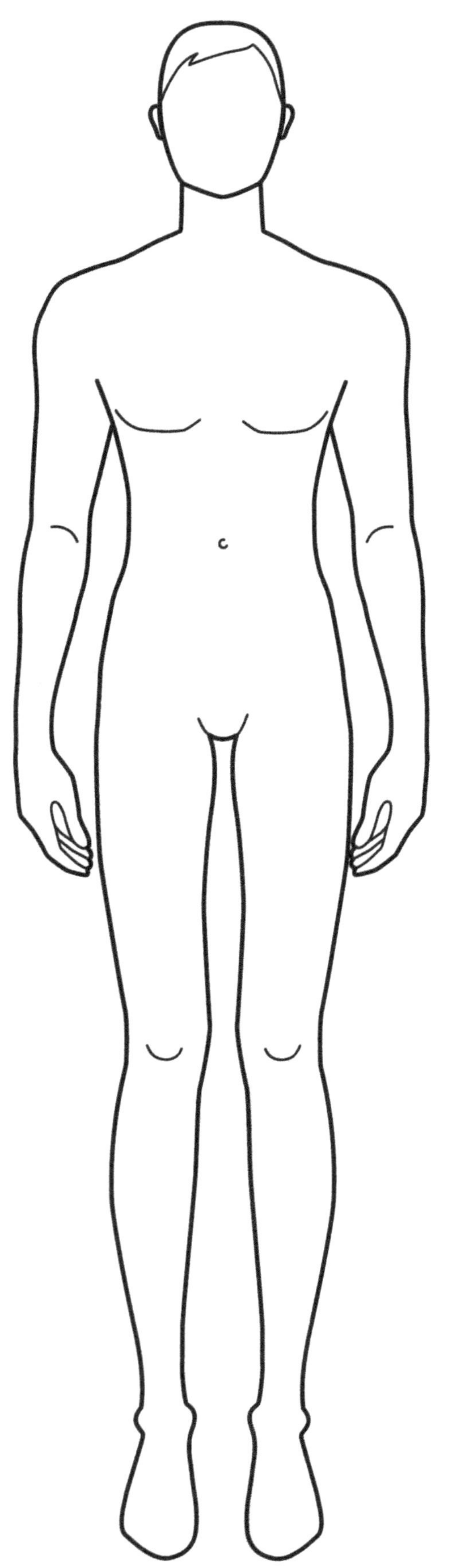
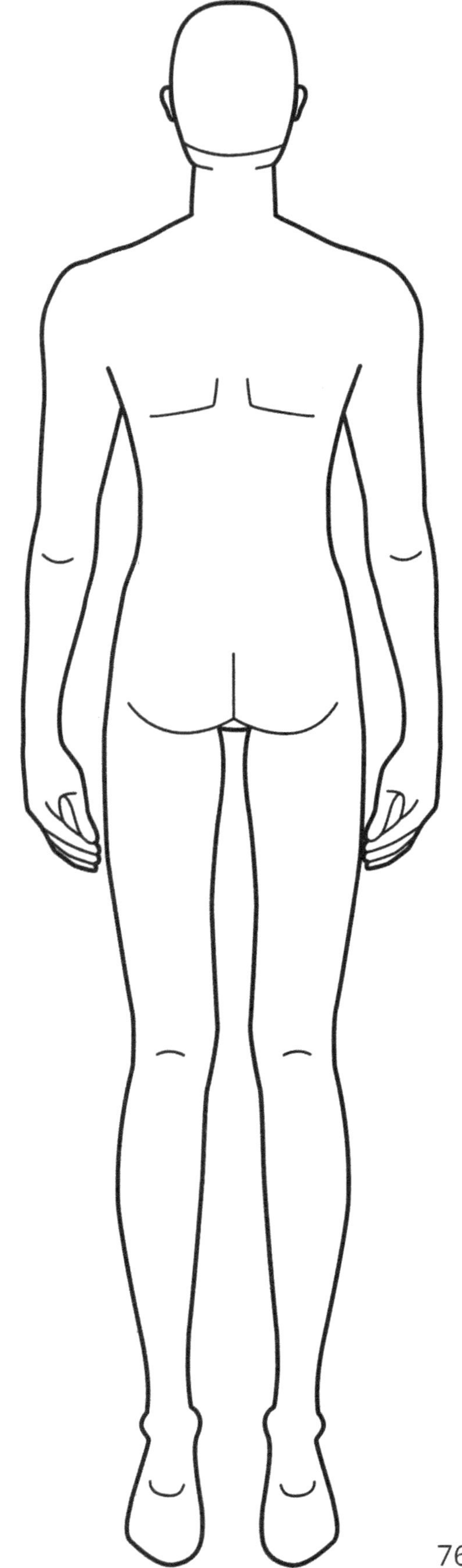

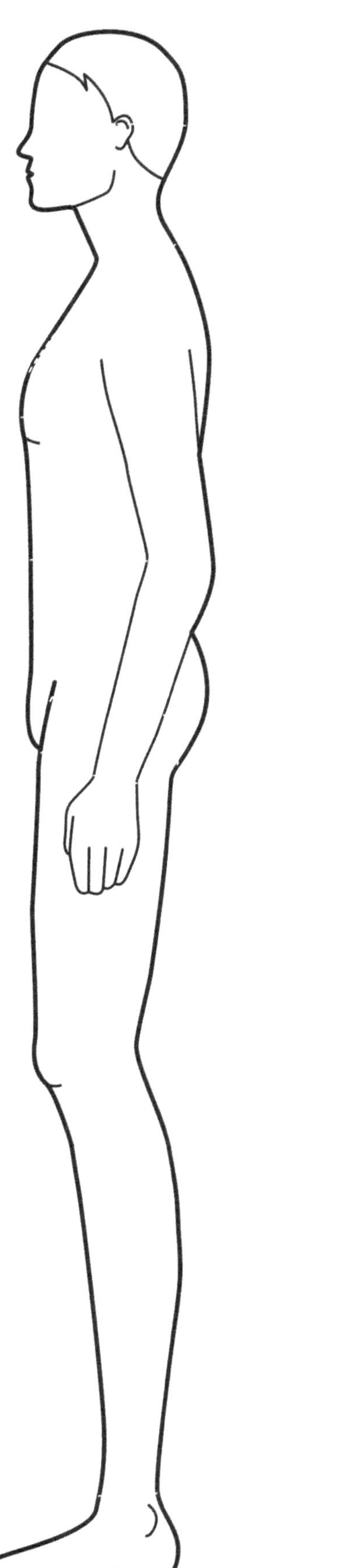
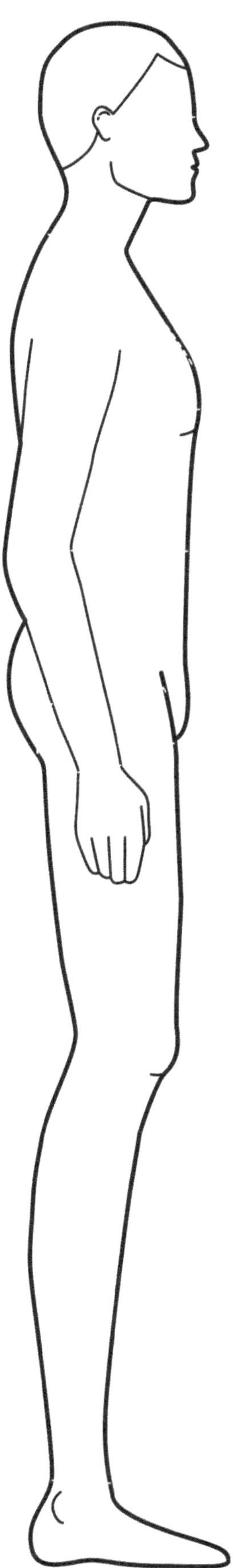

Tes notes et photos d'inspiration

Cette page est ton tableau d'humeur personnel. Utilise-la pour documenter tes expériences de style, capturer tes inspirations et créer un journal de ton parcours de designer.

- Colle des découpages de magazines, des échantillons de tissu ou des croquis de tenues.
- Note ce qui a fonctionné, ce que tu aimerais améliorer et comment tu imagines le design dans la réalité.
- Garde une trace des thèmes ou formes récurrents qui définissent ton esthétique.

Astuce : *Les collections les plus fortes naissent souvent de petites idées. Garde tout ce qui attire ton regard - cela pourrait devenir la graine de ta prochaine grande création.*

Inspiration tenue : Chic de bureau et glamour de défilé

Style de bureau monochrome + Glamour minimaliste

Inspiration chic de bureau

Une palette monochrome crée une cohérence instantanée. Une tenue tout en noir, gris ou bleu marine, construite avec des textures variées, fait forte impression tout en restant professionnelle. Un blazer en laine, une chemise en coton et une ceinture en cuir dans la même teinte incarnent le raffinement par la simplicité.

Inspiration glamour de défilé

Le glamour minimaliste masculin est à la fois sobre et puissant. Des costumes ajustés ou des manteaux structurés dans des tons unis audacieux mettent l'accent sur la forme. Un seul accessoire marquant - comme une ceinture métallique ou des chaussures statement - ajoute juste la bonne dose de drame.
La beauté réside dans la retenue et la précision des coupes.

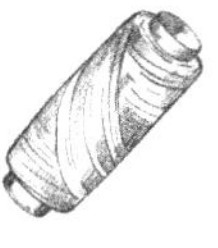

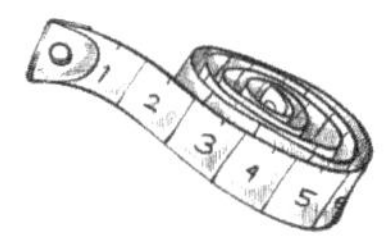

Guide de pratique et notes de mode

Les accessoires définissent le style masculin plus qu'on ne le croit.
Utilise cette page pour observer comment ils modifient l'ambiance d'une tenue.

Comment utiliser cette page :

- Commence par une base (chemise + pantalon).
- Ajoute 2 à 3 accessoires différents (montre, sac, chapeau, chaussures).
- Note quelle version semble la plus réussie.

Réflexion et notes :

- Quel accessoire a ajouté le plus de caractère ?
- A-t-il dominé ou enrichi la tenue ?
- Comment pourrais-je affiner l'équilibre ?

Astuce : *Un seul accessoire peut transformer une tenue banale en look iconique.*

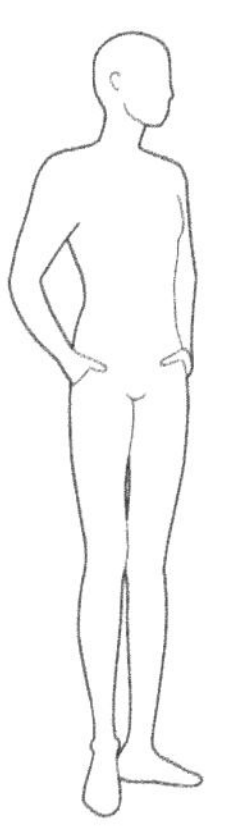
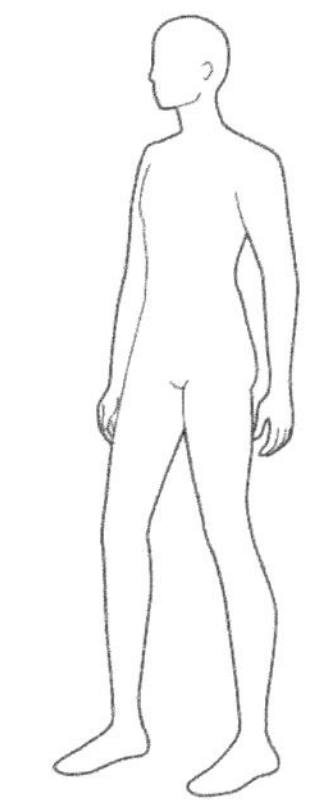

Inspiration tenue : Streetwear

Streetwear inspiré militaire

Les pantalons cargo, imprimés camouflage, vestes utilitaires et bottes de combat apportent une touche robuste et tactique au streetwear.

Ce style trouve ses racines dans la fonctionnalité : grandes poches, tissus solides et teintes terreuses comme le kaki, l'olive et le noir.

Mais pratique ne veut pas dire ennuyeux. Le streetwear militaire est adaptable - combine une veste camo avec un jogging ajusté, ou un pantalon cargo avec un hoodie simple.

Le résultat dégage force et assurance. Ce style séduit ceux qui recherchent un mélange de robustesse et de modernité urbaine.

Astuce *: Reste dans une palette naturelle - vert olive, kaki, beige et noir fonctionnent le mieux. Ajoute une touche moderne (comme des baskets épurées) pour garder le look contemporain et éviter l'effet costume.*

Tendances

Inspiration

Textiles

Notes

Détails

Échantillons

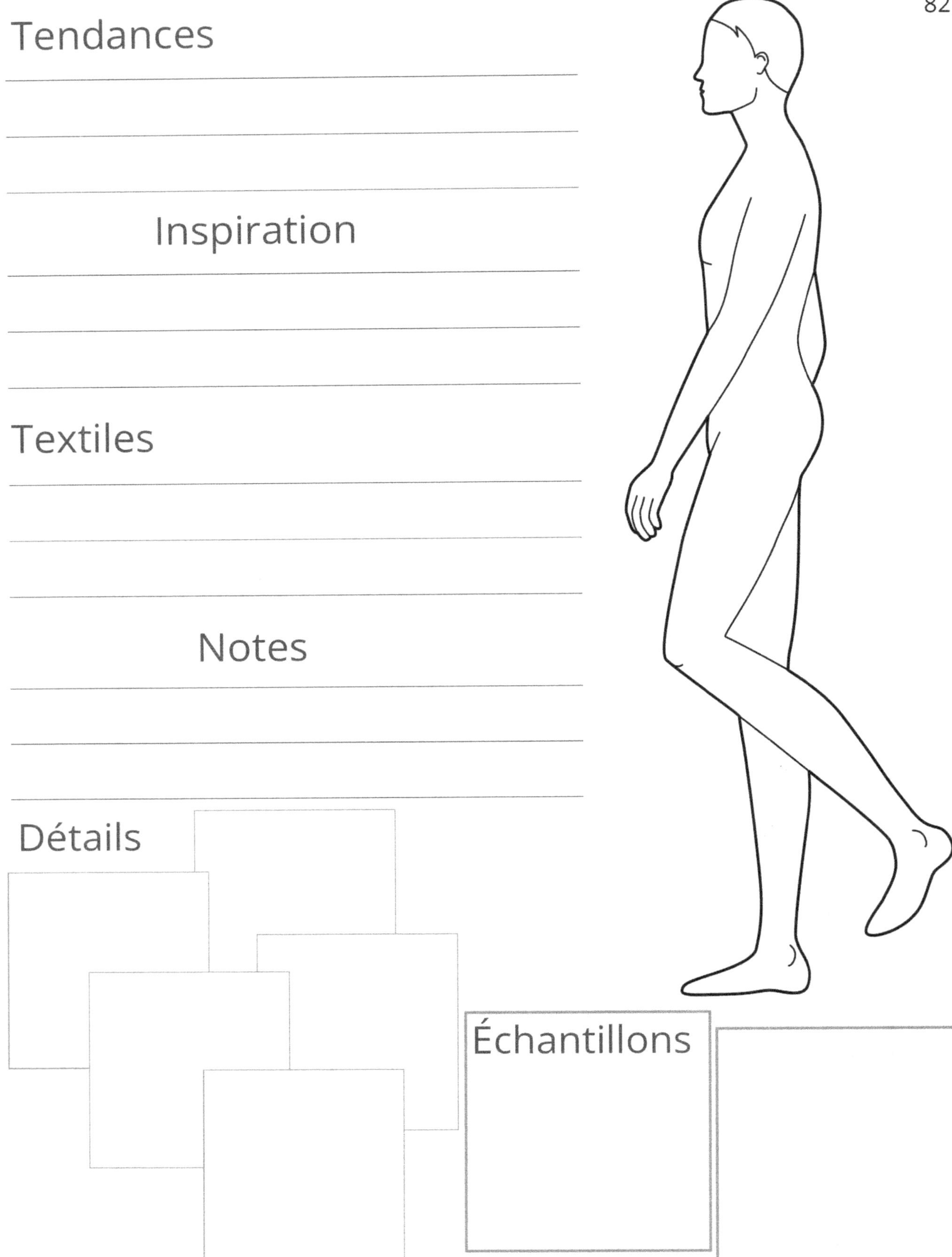

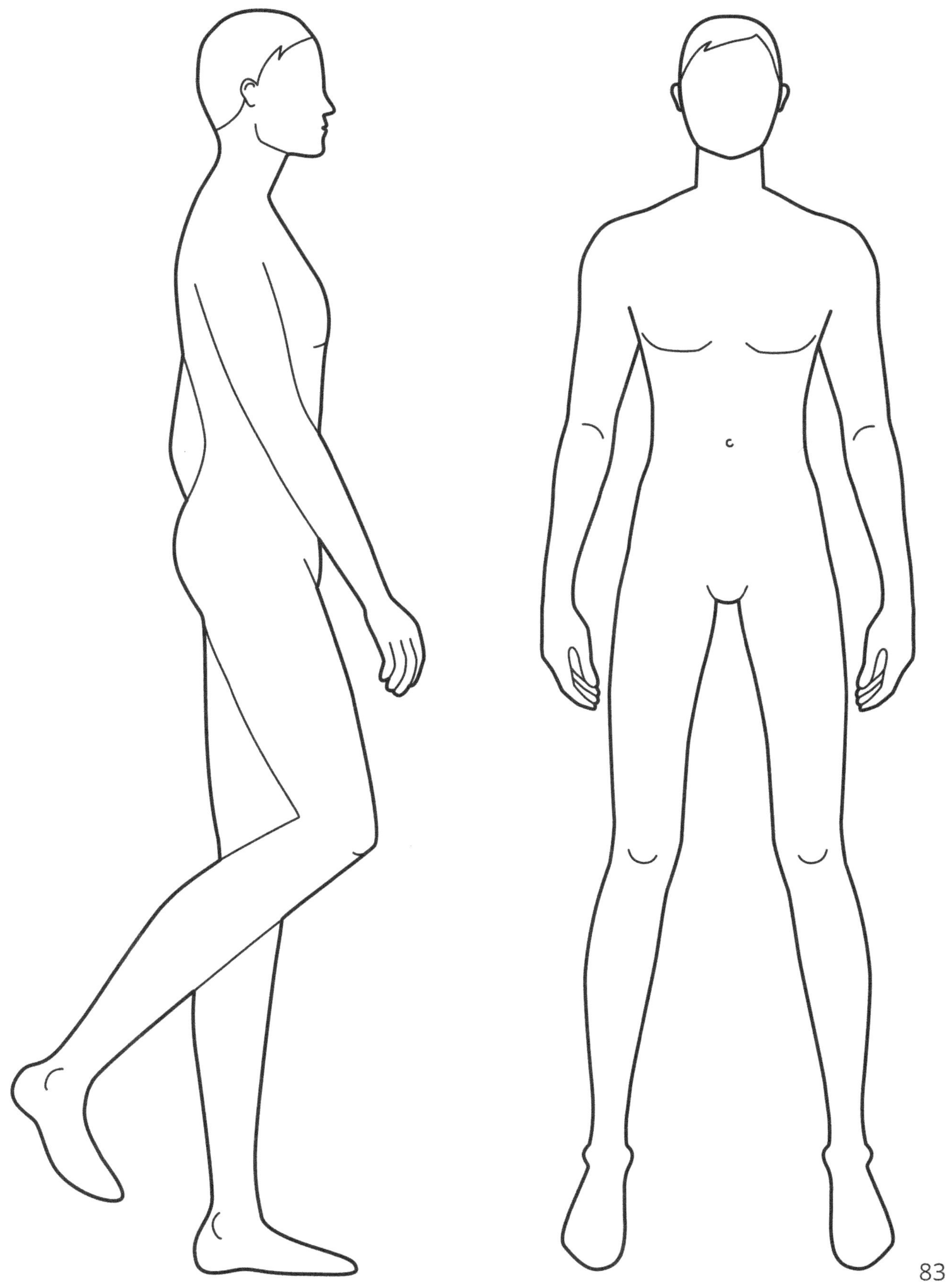

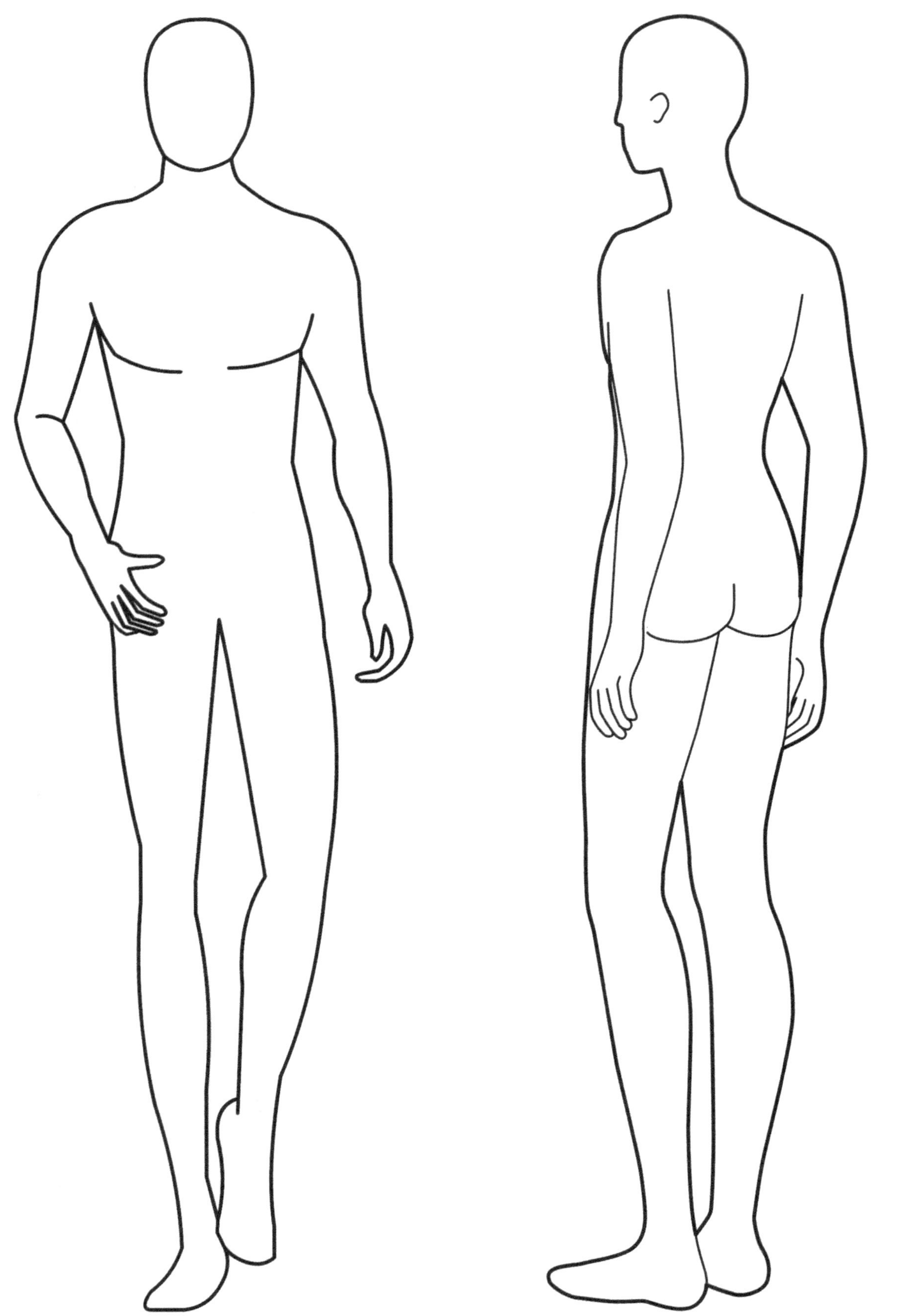

Tes notes et photos d'inspiration

Cette page est ton tableau d'humeur personnel. Utilise-la pour documenter tes expériences de style, capturer tes inspirations et créer un journal de ton parcours de designer.

- Colle des découpages de magazines, des échantillons de tissu ou des croquis de tenues.
- Note ce qui a fonctionné, ce que tu aimerais améliorer et comment tu imagines le design dans la réalité.
- Garde une trace des thèmes ou formes récurrents qui définissent ton esthétique.

Astuce : *Les collections les plus fortes naissent souvent de petites idées. Garde tout ce qui attire ton regard - cela pourrait devenir la graine de ta prochaine grande création.*

Inspiration tenue :
Chic de bureau et glamour de défilé

Style hybride chic-décontracté + Élégance futuriste

Inspiration chic de bureau

Les looks smart-casual combinent professionnalisme et décontraction. Associe un chino à une chemise boutonnée, en superposant avec un cardigan ou un blazer non structuré. Des baskets en cuir ou des mocassins complètent l'ensemble.

Ce look correspond parfaitement aux environnements modernes où adaptabilité et style personnel sont valorisés.

Inspiration glamour de défilé

L'élégance futuriste marie innovation et raffinement. Des vestes ajustées en tissus métalliques ou irisés, des pantalons fins et des détails géométriques subtils créent une esthétique avant-gardiste mais élégante.

Les accessoires restent minimalistes pour laisser la structure et la matière s'exprimer.

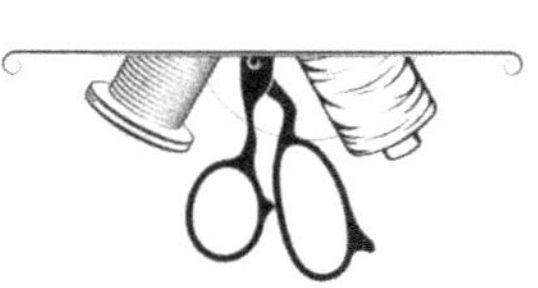

Guide de pratique et notes de mode

La proportion est essentielle dans la couture masculine. Utilise cette page pour t'exercer à équilibrer épaules, taille et longueur des jambes.

Comment utiliser cette page :

- Concentre-toi sur les vestes, pantalons et proportions corporelles.
- Essaie des coupes ajustées et des coupes amples.
- Note ce qui semblait le plus naturel.

Réflexion et notes :

- Quelle proportion a le mieux fonctionné ?
- La tenue semblait-elle équilibrée ?
- Que vais-je ajuster dans mes prochains croquis ?

Astuce :

De bonnes proportions rendent un design intemporel.

Inspiration tenue : Streetwear

Style culture skate

Le skateboard influence le streetwear depuis des décennies, donnant naissance aux t-shirts oversize, jeans amples et baskets pratiques comme les skate shoes.

Les chemises à carreaux nouées à la taille ou portées ouvertes sur un t-shirt ajoutent une couche de décontraction maîtrisée.

Ce style incarne la rébellion, l'indépendance et la créativité.

Ce qui rend le streetwear skateur iconique, c'est son authenticité brute - les vêtements sont faits pour bouger et pour vivre, mais portent aussi une culture.

C'est autant une question d'attitude que d'apparence.

Astuce : *Garde les accessoires au minimum - une casquette, un bracelet ou un sac à dos suffisent. L'esprit détendu fonctionne mieux lorsqu'il paraît spontané et naturel.*

Tendances

Inspiration

Textiles

Notes

Détails

Échantillons

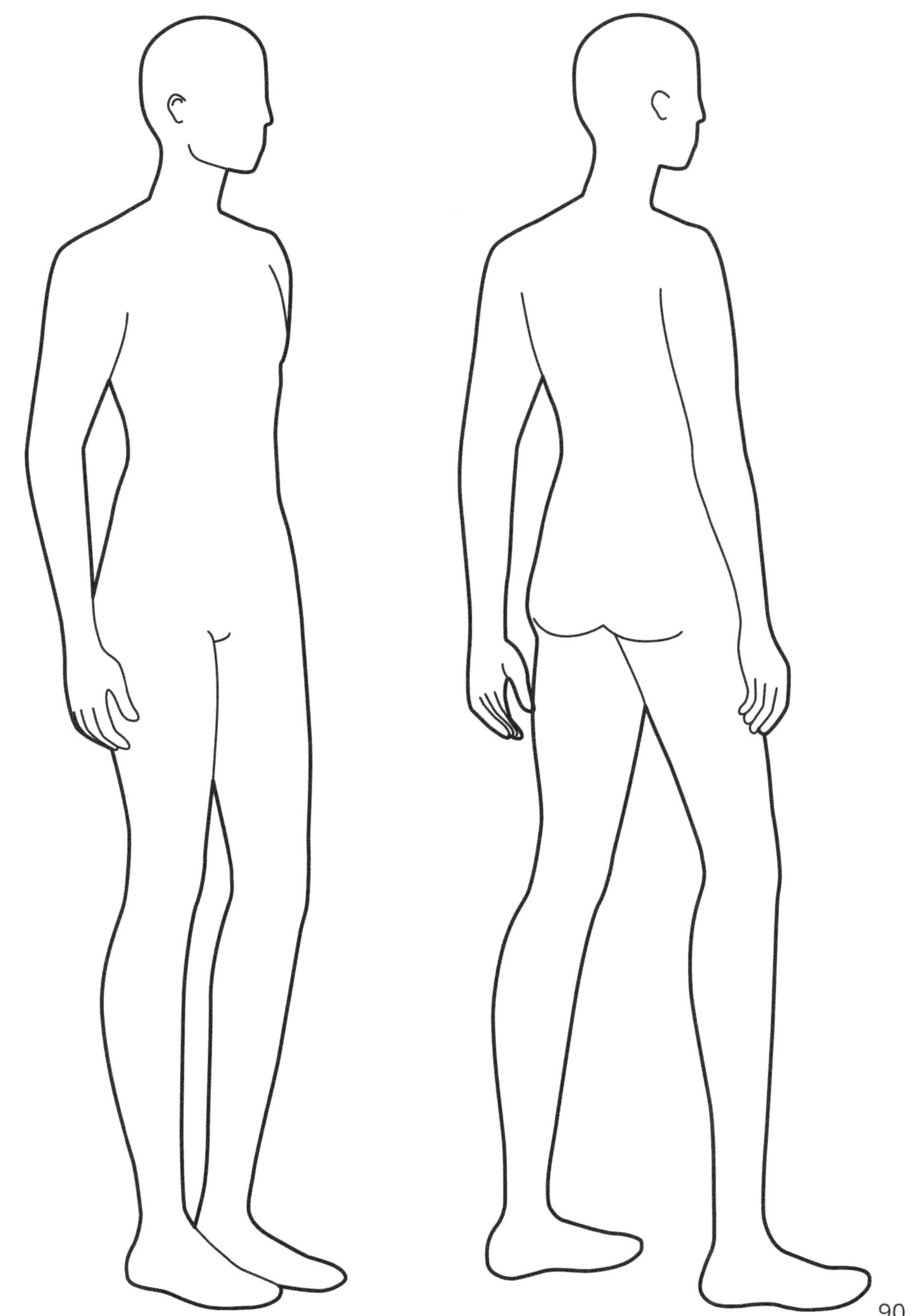

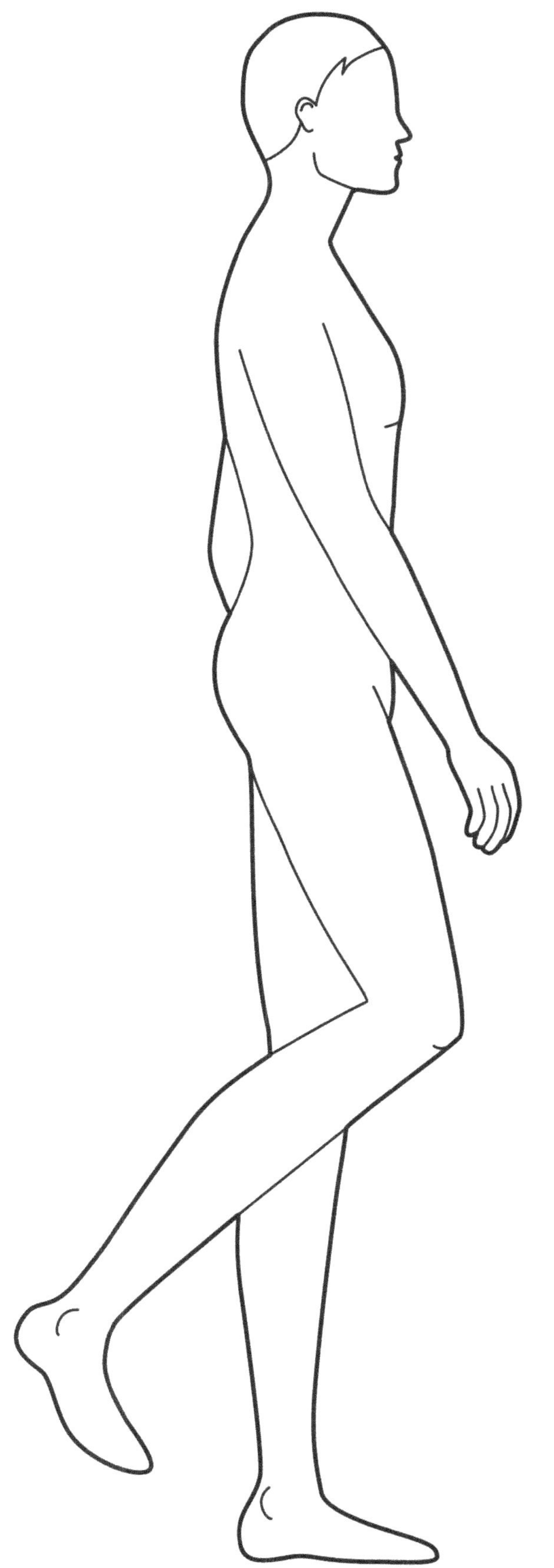
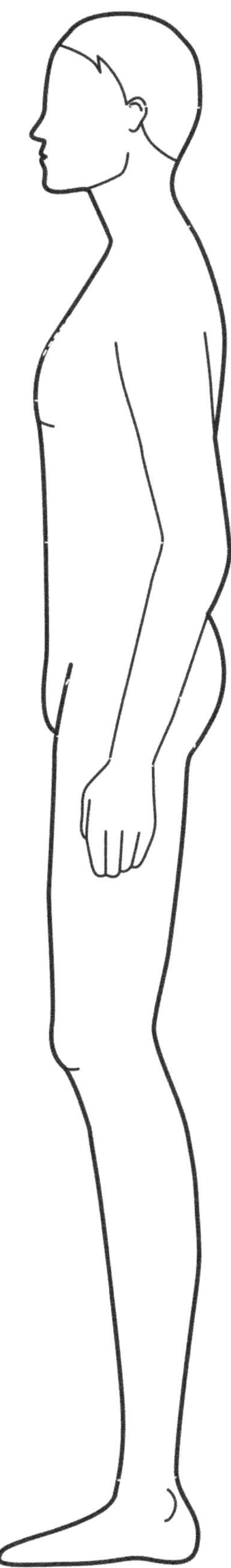

Tes notes et photos d'inspiration

Cette page est ton tableau d'humeur personnel. Utilise-la pour documenter tes expériences de style, capturer tes inspirations et créer un journal de ton parcours de designer.

- Colle des découpages de magazines, des échantillons de tissu ou des croquis de tenues.
- Note ce qui a fonctionné, ce que tu aimerais améliorer et comment tu imagines le design dans la réalité.
- Garde une trace des thèmes ou formes récurrents qui définissent ton esthétique.

Astuce : *Les collections les plus fortes naissent souvent de petites idées. Garde tout ce qui attire ton regard - cela pourrait devenir la graine de ta prochaine grande création.*

Inspiration tenue :
Chic de bureau et glamour de défilé

Superpositions modernes + Éclat de festival

Inspiration chic de bureau

Les superpositions ajoutent de la polyvalence et du caractère. Un gilet sous un blazer, un col roulé sous une chemise ou une veste légère sur une chemise habillée apportent de la profondeur. Choisir des textures complémentaires, comme la laine et le coton, élève instantanément le style.

Inspiration glamour de défilé

Le glamour de festival au masculin mise sur l'éclat et l'audace. Des blazers à sequins, vestes brodées ou pantalons métallisés dégagent une énergie festive. Des superpositions ludiques et des palettes de couleurs vibrantes traduisent l'esprit de célébration, tandis que des accessoires comme des chapeaux marquants ou des ceintures ornées renforcent l'individualité.

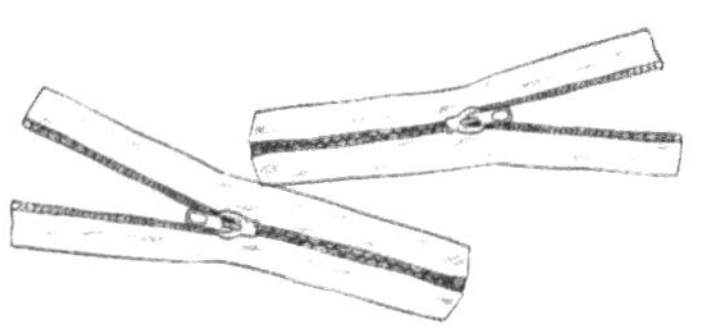

Guide de pratique et notes de mode

Les couleurs fixent le ton des tenues masculines - neutres atténués ou accents audacieux. Utilise cette page pour tester différentes palettes.

Comment utiliser cette page :
- Dessine une tenue de base.
- Applique 2 à 3 combinaisons de couleurs (terreuses, monochromes, vives).
- Note comment l'ambiance change à chaque version. 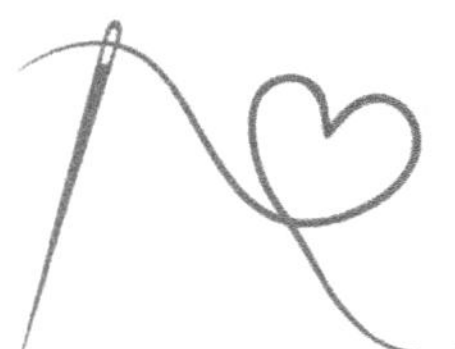

Réflexion et notes :
- Quelle palette correspondait le mieux au concept ?
- Les couleurs s'harmonisaient-elles ou se heurtaient-elles ?
- Comment pourrais-je la réutiliser ?

Astuce : *La couleur est le langage silencieux du style.*

Inspiration tenue : Streetwear

Streetwear technologique

Le techwear est futuriste, fonctionnel et avant-gardiste. Pense à des tissus imperméables, des sangles ajustables, des fermetures dissimulées et des poches superposées.

Les tenues ont souvent une allure tactique, mais présentent une silhouette moderne et épurée.

Le noir et le gris dominent la palette, avec parfois des accents néon pour souligner certains détails.

Ce style fait une déclaration forte - parfait pour ceux qui considèrent la mode comme un équipement de performance.

Il ne s'agit pas de se fondre dans la foule, mais de se démarquer tout en ayant l'air prêt à affronter n'importe quelle situation.

Astuce : Commence avec une base noire (pantalon cargo + veste utilitaire) et ajoute un seul détail fonctionnel (sac bandoulière ou sangle néon). Cela rend la tenue portable sans en faire trop.

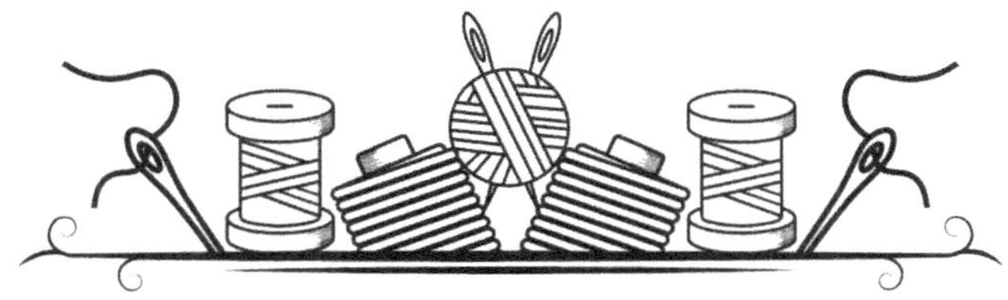

Tendances

Inspiration

Textiles

Notes

Détails

Échantillons

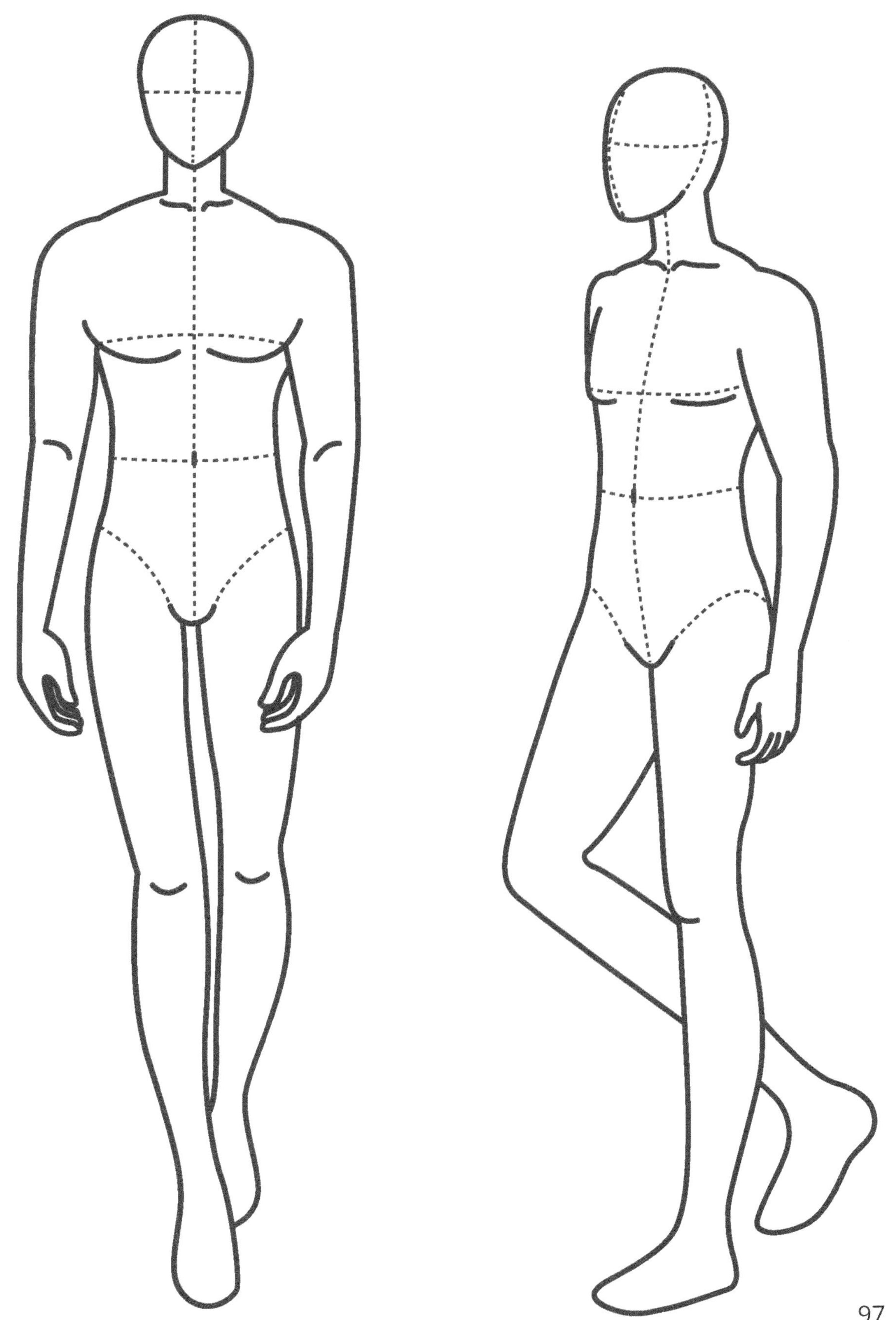

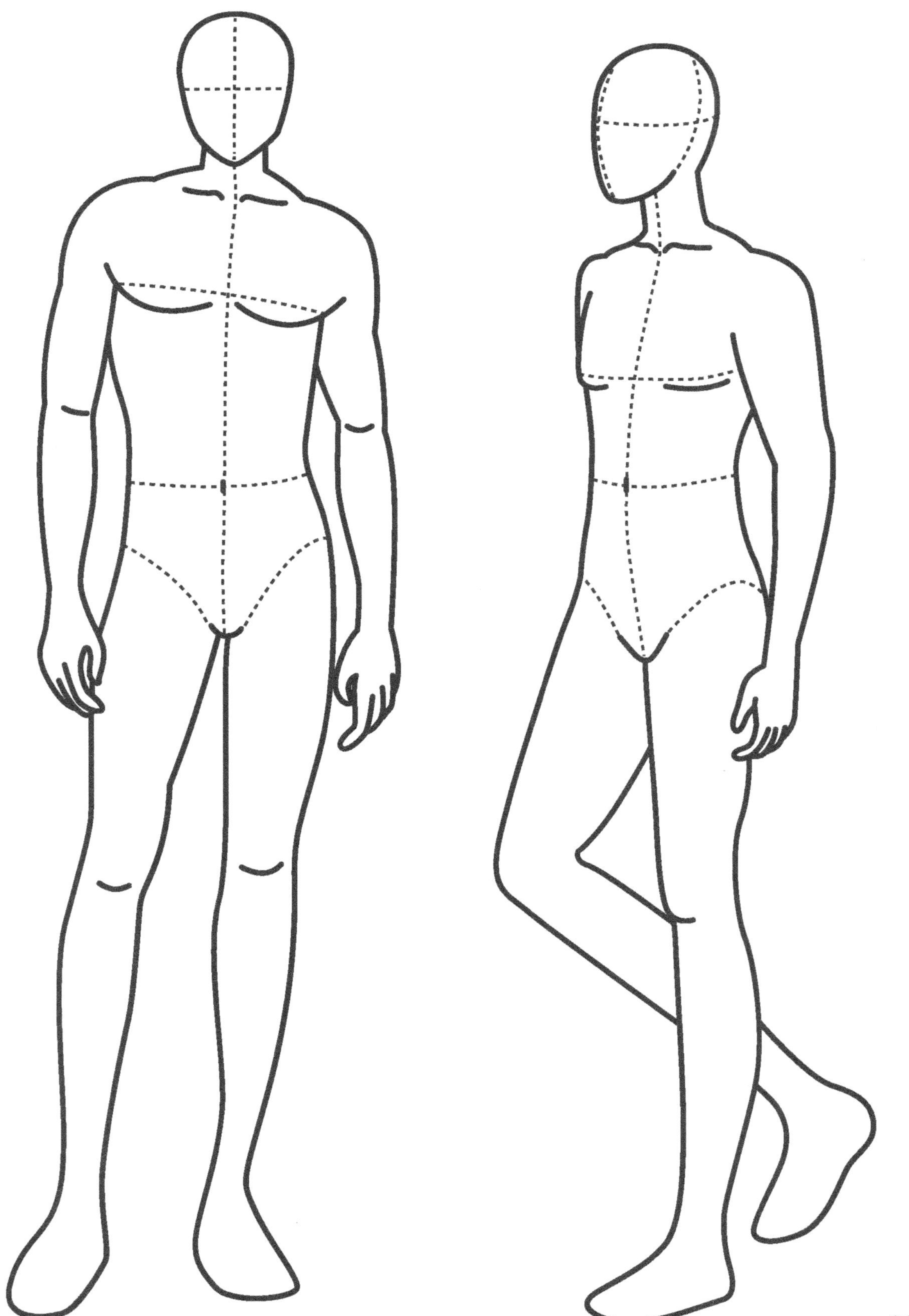

Tes notes et photos d'inspiration

Cette page est ton tableau d'humeur personnel. Utilise-la pour documenter tes expériences de style, capturer tes inspirations et créer un journal de ton parcours de designer.

- Colle des découpages de magazines, des échantillons de tissu ou des croquis de tenues.
- Note ce qui a fonctionné, ce que tu aimerais améliorer et comment tu imagines le design dans la réalité.
- Garde une trace des thèmes ou formes récurrents qui définissent ton esthétique.

Astuce : *Les collections les plus fortes naissent souvent de petites idées. Garde tout ce qui attire ton regard - cela pourrait devenir la graine de ta prochaine grande création.*

Inspiration tenue :
Chic de bureau et glamour de défilé

Uniforme de bureau élégant + Haute couture durable

Inspiration chic de bureau

Certains environnements de travail privilégient une approche uniforme : pantalon ajusté, chemise neutre et blazer structuré. Lorsqu'ils sont confectionnés dans des tissus de qualité et taillés avec précision, ces éléments simples deviennent synonymes d'élégance. Des accessoires discrets - comme une cravate fine ou des chaussures en cuir - maintiennent un équilibre raffiné.

Inspiration glamour de défilé

La haute couture durable met l'accent sur le savoir-faire allié à la conscience écologique. Des tissus recyclés, teintures naturelles et créations à faible déchet illustrent à la fois innovation et respect de la planète. Des manteaux longs sur mesure ou des ensembles superposés expriment la responsabilité et le style.

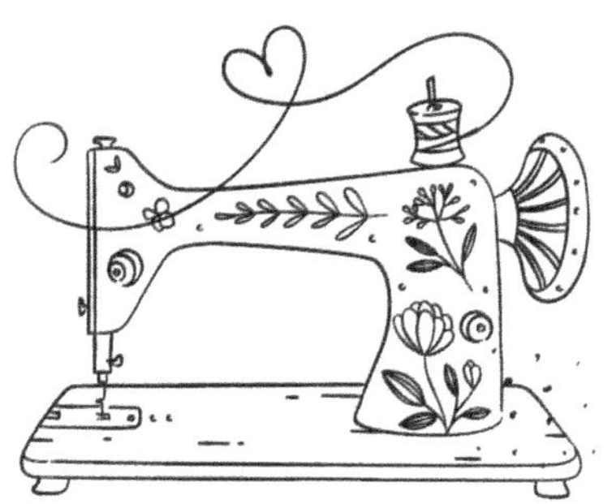

Guide de pratique et notes de mode

Pense en collections, pas seulement en tenues individuelles. La mode masculine gagne en force lorsque les pièces s'accordent entre elles.

Comment utiliser cette page :

- Crée 2 à 3 variations sur un même thème.
- Garde un détail unificateur (couleur, texture, silhouette).
- Note comment elles se relient en un ensemble cohérent.

Réflexion et notes :

- Les pièces paraissaient-elles harmonieuses ?
- Laquelle se démarquait le plus ?
- Comment pourrais-je renforcer la cohésion ?

Astuce : *La cohérence construit des collections masculines solides.*

Inspiration tenue : Streetwear

Streetwear minimaliste

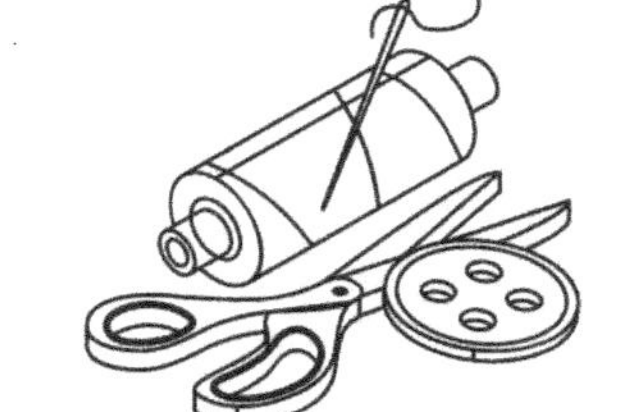

Le streetwear minimaliste réduit la mode à l'essentiel.

Lignes épurées, couleurs neutres et absence de logos définissent ce style.

Pense à des joggings ajustés, hoodies simples et baskets immaculées.

L'accent est mis sur la coupe et la qualité du tissu plutôt que sur les motifs tape-à-l'œil.

Ce style fonctionne dans presque toutes les situations - des journées décontractées aux cadres semi-professionnels - car il évite l'excès tout en conservant un caractère urbain affirmé.

Astuce : *Investis dans des basiques de qualité. Un hoodie bien coupé ou des baskets haut de gamme peuvent transformer une tenue simple en look raffiné.*

Tendances

Inspiration

Textiles

Notes

Détails

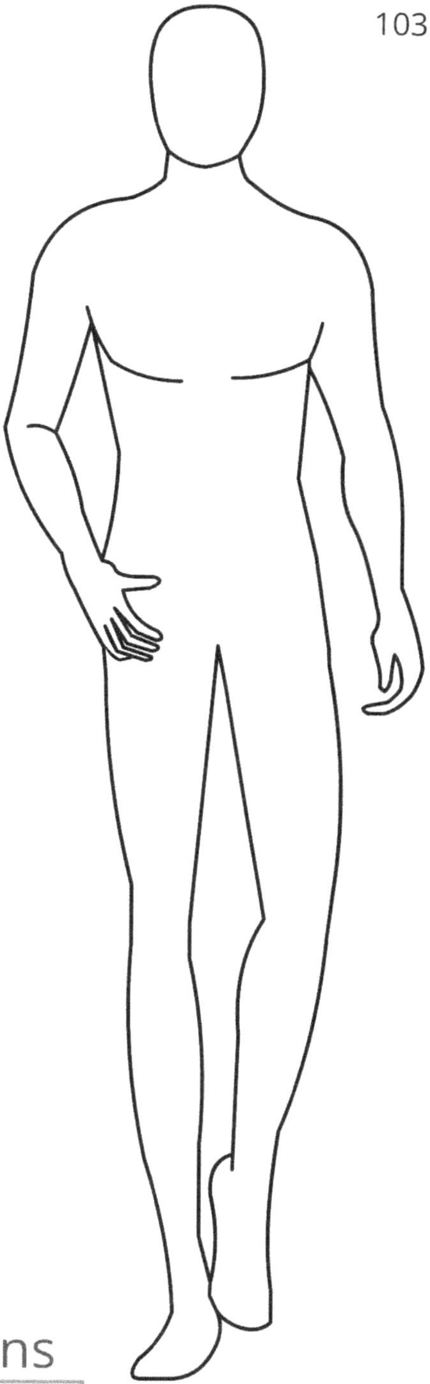

Échantillons

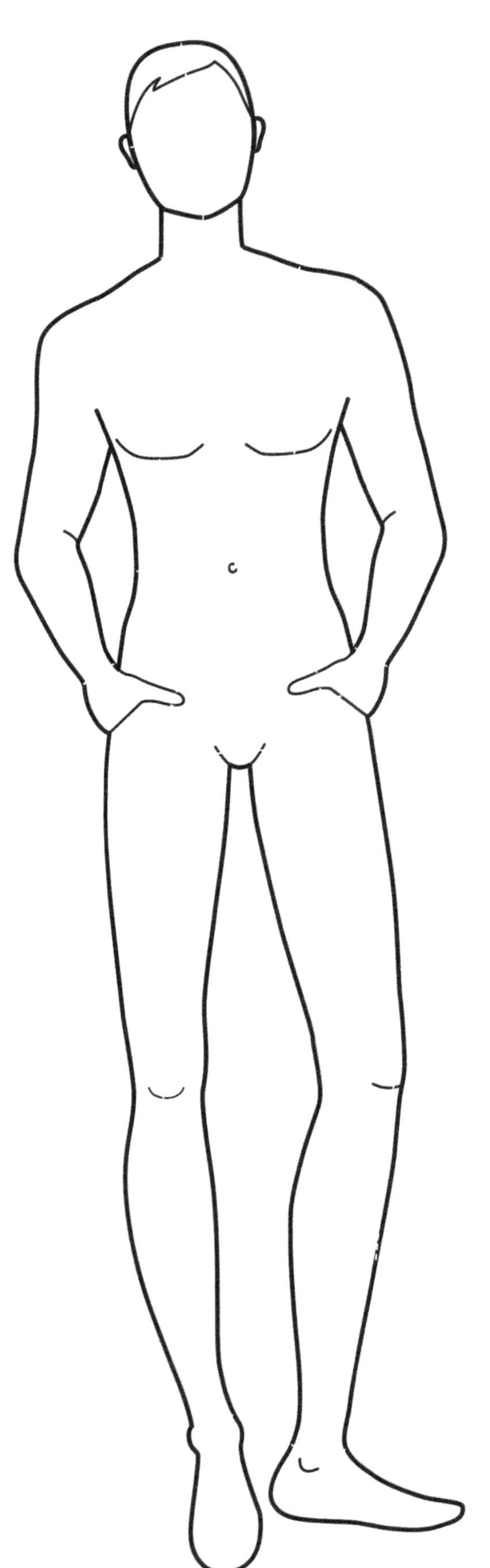
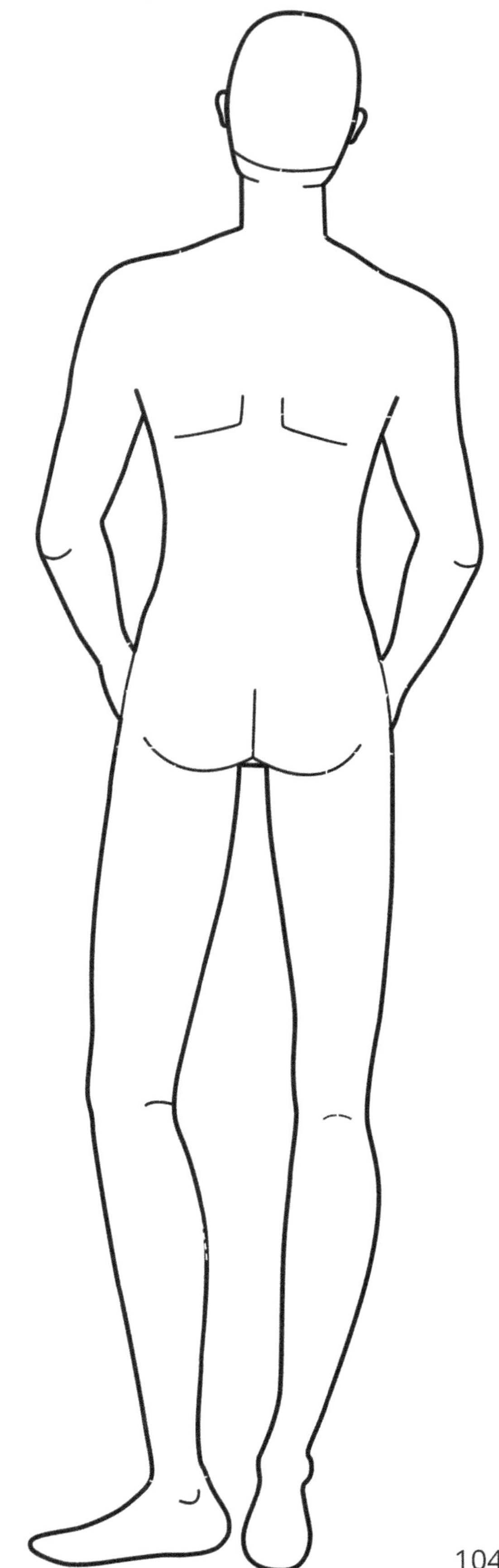

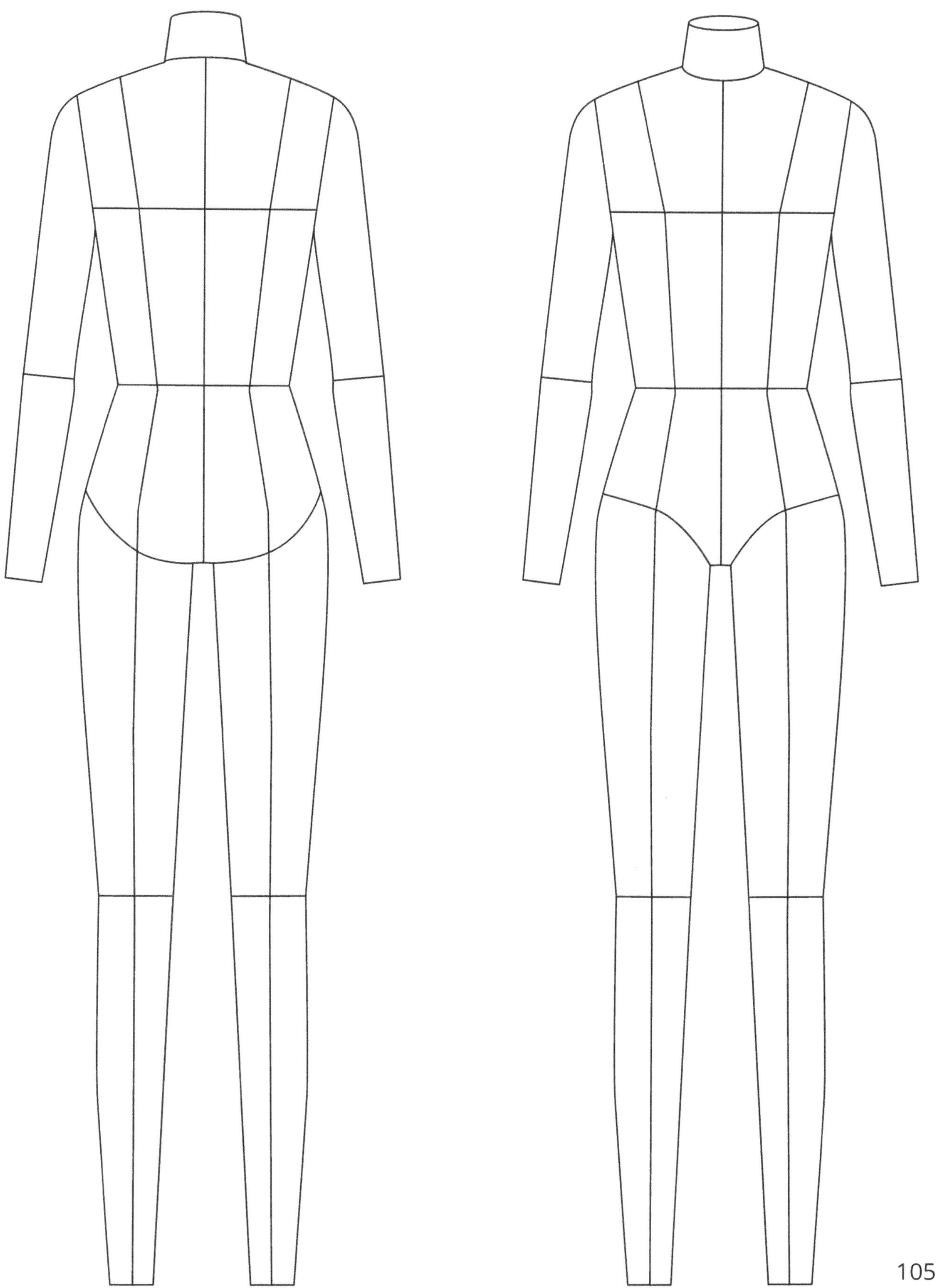

Tes notes et photos d'inspiration

Cette page est ton tableau d'humeur personnel. Utilise-la pour documenter tes expériences de style, capturer tes inspirations et créer un journal de ton parcours de designer.

- Colle des découpages de magazines, des échantillons de tissu ou des croquis de tenues.
- Note ce qui a fonctionné, ce que tu aimerais améliorer et comment tu imagines le design dans la réalité.
- Garde une trace des thèmes ou formes récurrents qui définissent ton esthétique.

Astuce : *Les collections les plus fortes naissent souvent de petites idées. Garde tout ce qui attire ton regard - cela pourrait devenir la graine de ta prochaine grande création.*

Inspiration tenue :
Chic de bureau et glamour de défilé

Professionnel adaptable aux tendances + Pièce futuriste

Inspiration chic de bureau

Les hommes peuvent intégrer subtilement les tendances sans perdre en professionnalisme. Des pantalons raccourcis associés à des mocassins, ou des pastels doux superposés à des neutres, apportent fraîcheur et modernité. Des accessoires comme un sac à dos fin ou des lunettes au design contemporain ajoutent une élégance fonctionnelle.

Inspiration glamour de défilé

Les pièces futuristes attirent tous les regards. Des vestes sculpturales, des détails lumineux ou des tissus réfléchissants redéfinissent la mode masculine contemporaine. Les chaussures peuvent arborer des semelles exagérées ou des finitions métalliques. Ces ensembles brouillent la frontière entre art et vêtement.

Guide de pratique et notes de mode

Le minimalisme est une force en mode masculine. Des lignes pures et des détails subtils en disent souvent plus que l'excès.

Comment utiliser cette page :
- Crée un design avec un maximum de trois éléments.
- Concentre-toi sur la silhouette et l'ajustement.
- Écris comment la simplicité a transformé l'ambiance.

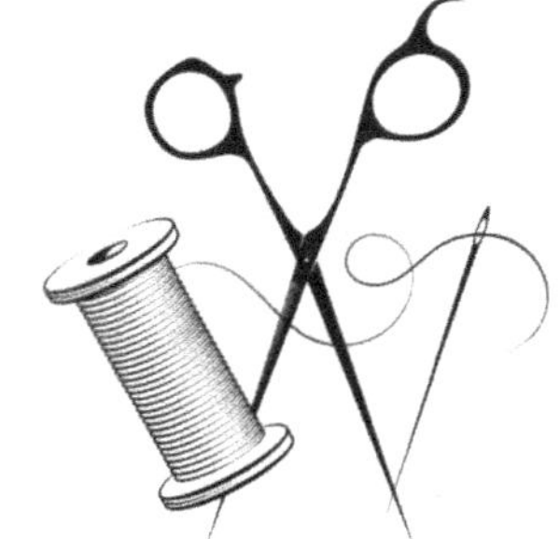

Réflexion et notes :
- La simplicité a-t-elle renforcé le design ?
- Quel élément portait le look ?
- Que modifierais-je ?

Astuce : *Le minimalisme met en valeur la structure et la forme.*

____

____

____

____

____

____

____

____

Inspiration tenue : Streetwear

Streetwear en superposition

Les superpositions permettent de transformer des basiques en looks dynamiques.

Un t-shirt sous un hoodie, surmonté d'un blouson ou d'une veste en jean, crée instantanément de la profondeur.

Le mélange de tissus - coton, denim, nylon - donne aux tenues un effet tridimensionnel.

L'astuce du layering, c'est l'équilibre : trop de couches volumineuses peuvent alourdir, mais 2 à 3 pièces choisies avec intention ajoutent richesse et flexibilité.

Astuce : *Utilise les superpositions pour jouer avec la couleur. Associe des neutres à une teinte vive - par exemple, un hoodie neutre sous une veste colorée - pour créer un contraste maîtrisé.*

Tendances

Inspiration

Textiles

Notes

Détails

Échantillons

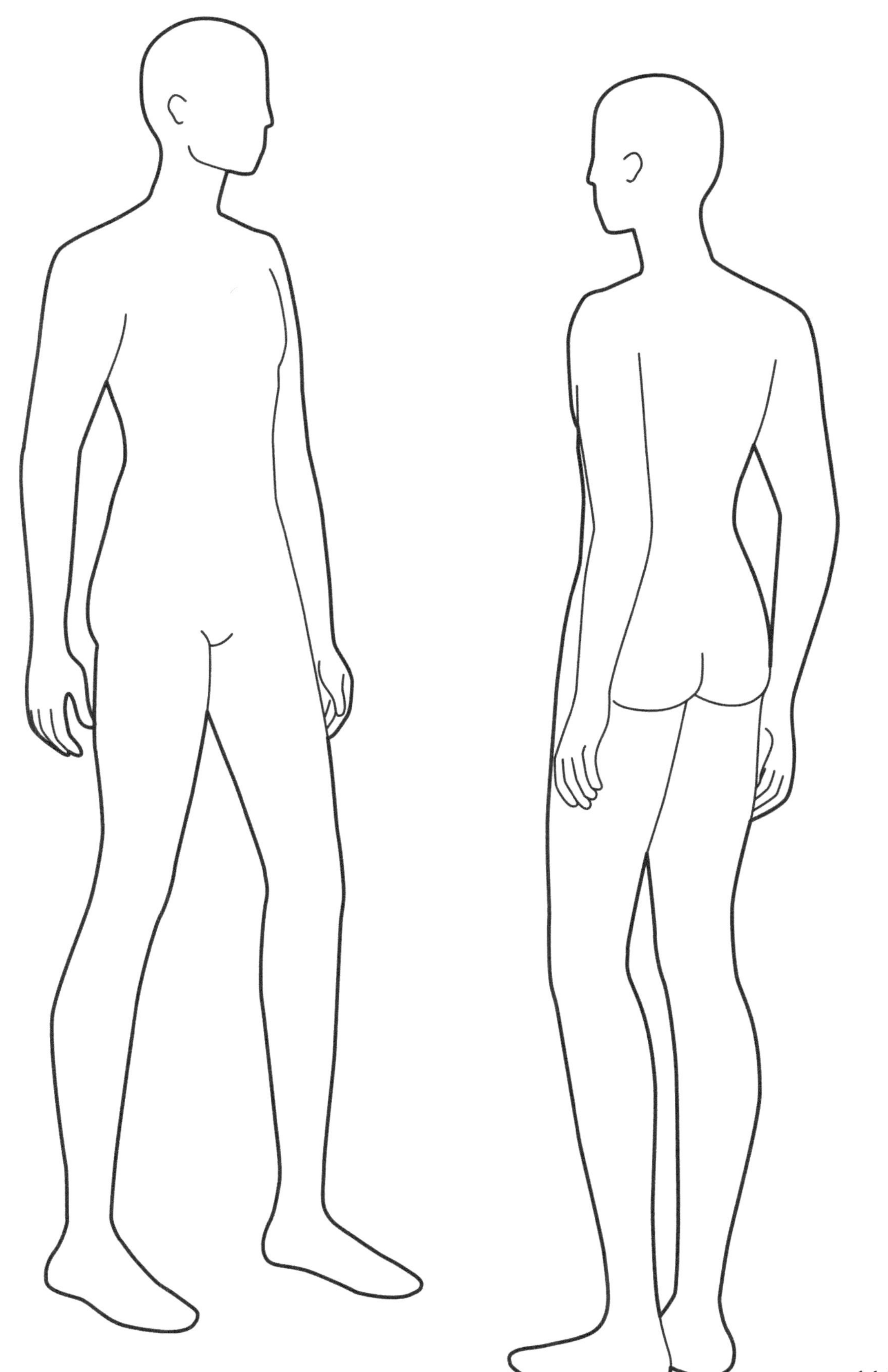

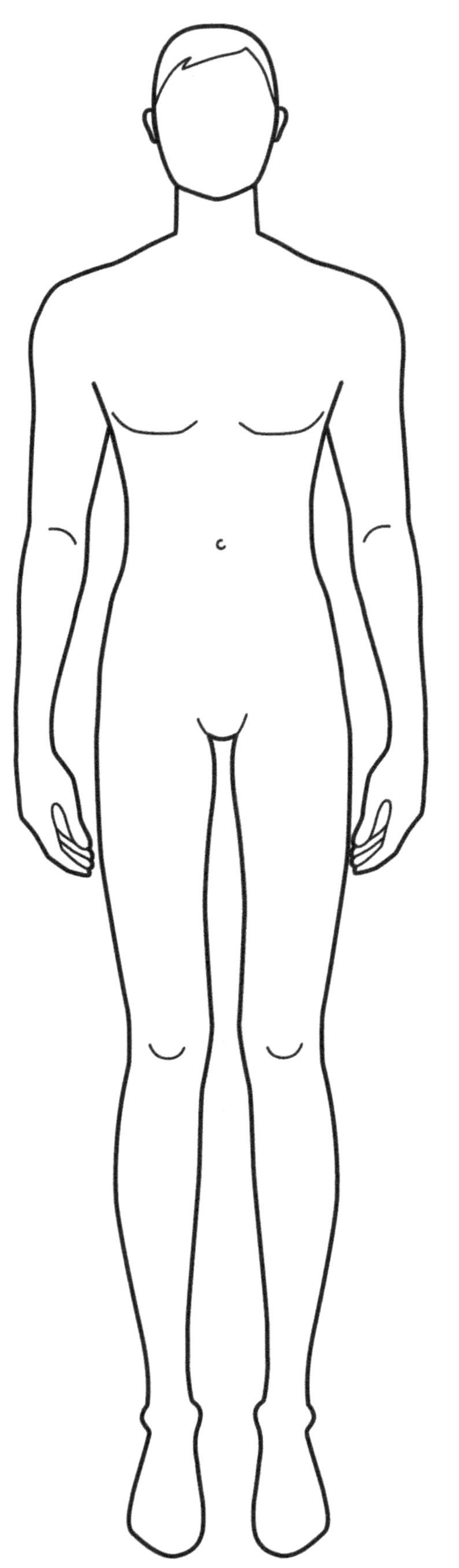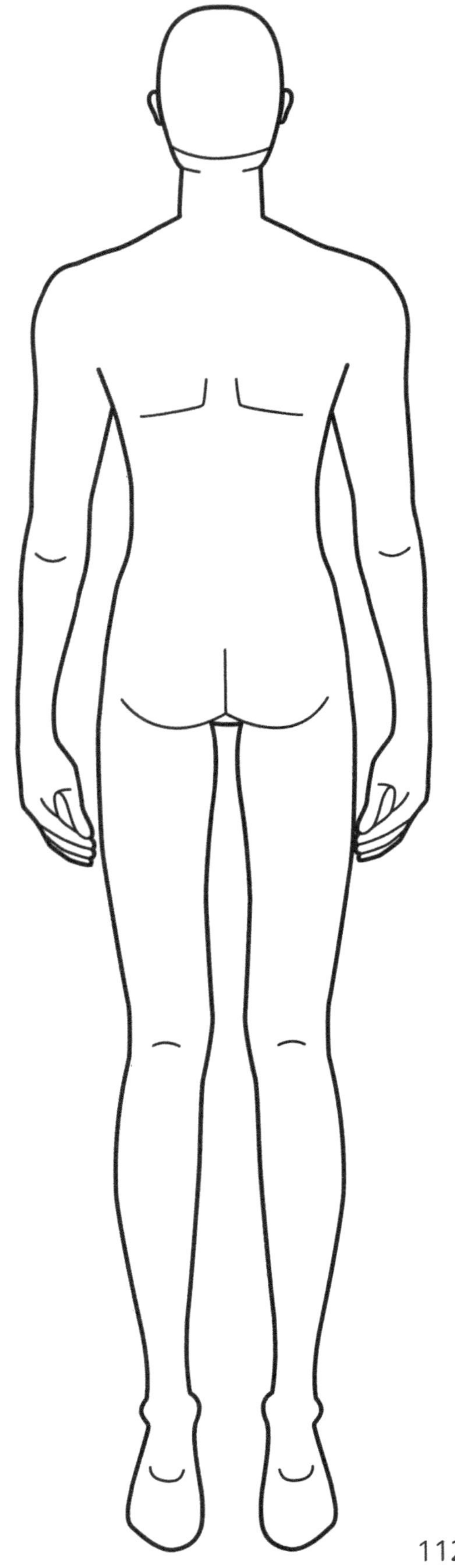

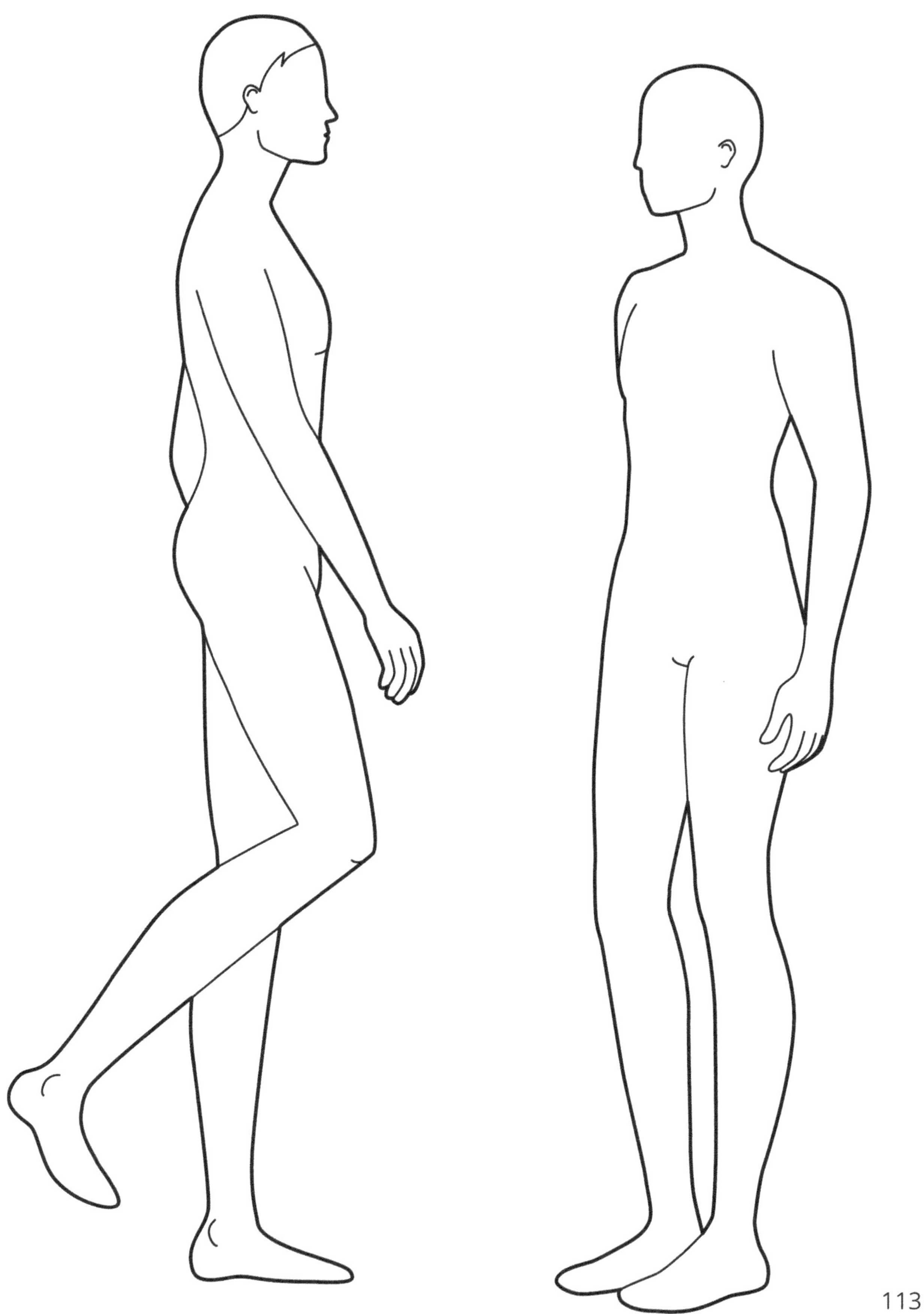

Tes notes et photos d'inspiration

Cette page est ton tableau d'humeur personnel. Utilise-la pour documenter tes expériences de style, capturer tes inspirations et créer un journal de ton parcours de designer.

- Colle des découpages de magazines, des échantillons de tissu ou des croquis de tenues.
- Note ce qui a fonctionné, ce que tu aimerais améliorer et comment tu imagines le design dans la réalité.
- Garde une trace des thèmes ou formes récurrents qui définissent ton esthétique.

Astuce : *Les collections les plus fortes naissent souvent de petites idées. Garde tout ce qui attire ton regard - cela pourrait devenir la graine de ta prochaine grande création.*

Inspiration tenue :
Chic de bureau et glamour de défilé

Tailoring décontracté + Classique tapis rouge

Inspiration chic de bureau

La coupe décontractée équilibre confort et style. Des blazers à structure souple associés à des pantalons à pinces et des mocassins reflètent une aisance élégante sans sacrifier le professionnalisme. Des tissus plus légers comme le lin ou les mélanges de coton s'adaptent à différents climats tout en restant chics.

Inspiration glamour de défilé

Le glamour classique du tapis rouge pour hommes repose sur des smokings ou des costumes trois pièces intemporels. Des vestes en velours, revers en soie et nœuds papillon soulignent le luxe. Des chaussures vernies et une mise en beauté soignée complètent cette esthétique raffinée.

Guide de pratique et notes de mode

Cette page est dédiée à la réflexion et aux progrès. Regarde tes anciens croquis et célèbre ton amélioration.

Comment utiliser cette page :
- Dessine une tenue qui montre ton évolution.
- Écris ce que tu as appris jusqu'à présent.
- Fixe-toi un défi de création pour la prochaine fois.

Réflexion et notes :
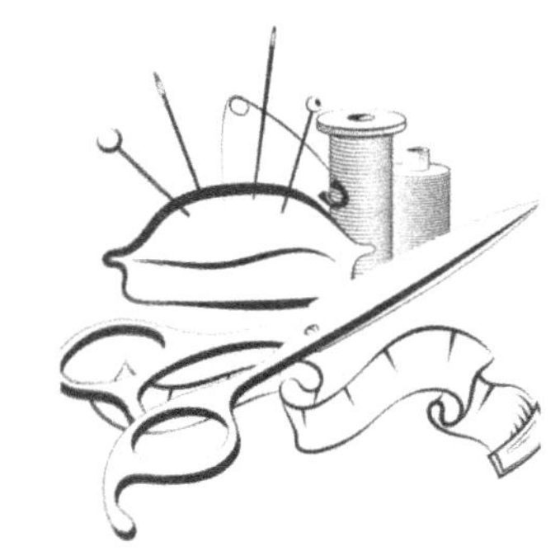
- Qu'est-ce qui s'est le plus amélioré ?
- Quelle technique demande encore du travail ?
- Quel est mon prochain objectif ?

Astuce : *Chaque croquis est une étape sur ton parcours.*

Inspiration tenue : Streetwear

Streetwear rétro

Le streetwear rétro s'inspire des années 80 et 90 : vestes de survêtement, coupe-vent à blocs de couleur, baskets oversize et casquettes à pression.

C'est un style à la fois nostalgique et toujours tendance.

Les créations d'inspiration vintage relient le passé à la rue d'aujourd'hui, rendant la tenue ludique mais stylée.

Le secret pour réussir un look rétro, c'est la modération.

Mélanger une seule pièce rétro avec des basiques modernes garde la fraîcheur et évite l'effet déguisement.

Astuce : Choisis une seule pièce rétro marquante - comme une veste de survêtement colorée - et garde le reste de la tenue contemporaine. Cet équilibre crée une authenticité avec une touche moderne.

Tendances

Inspiration

Textiles

Notes

Détails

Échantillons

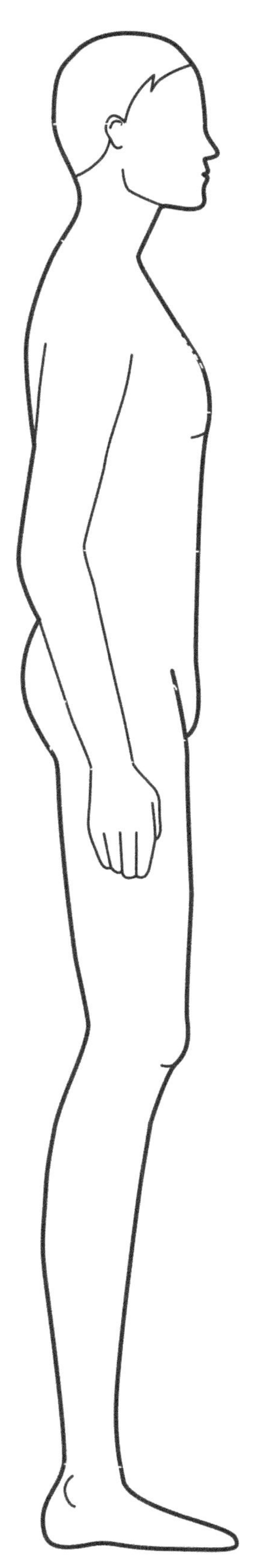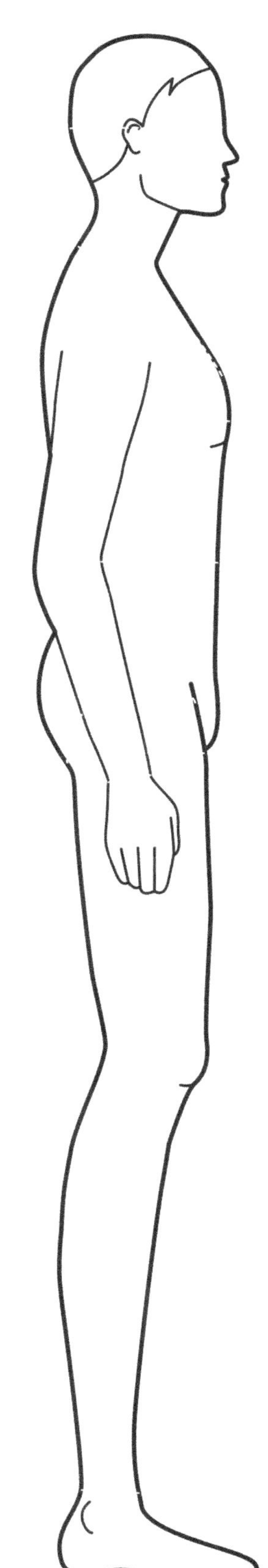

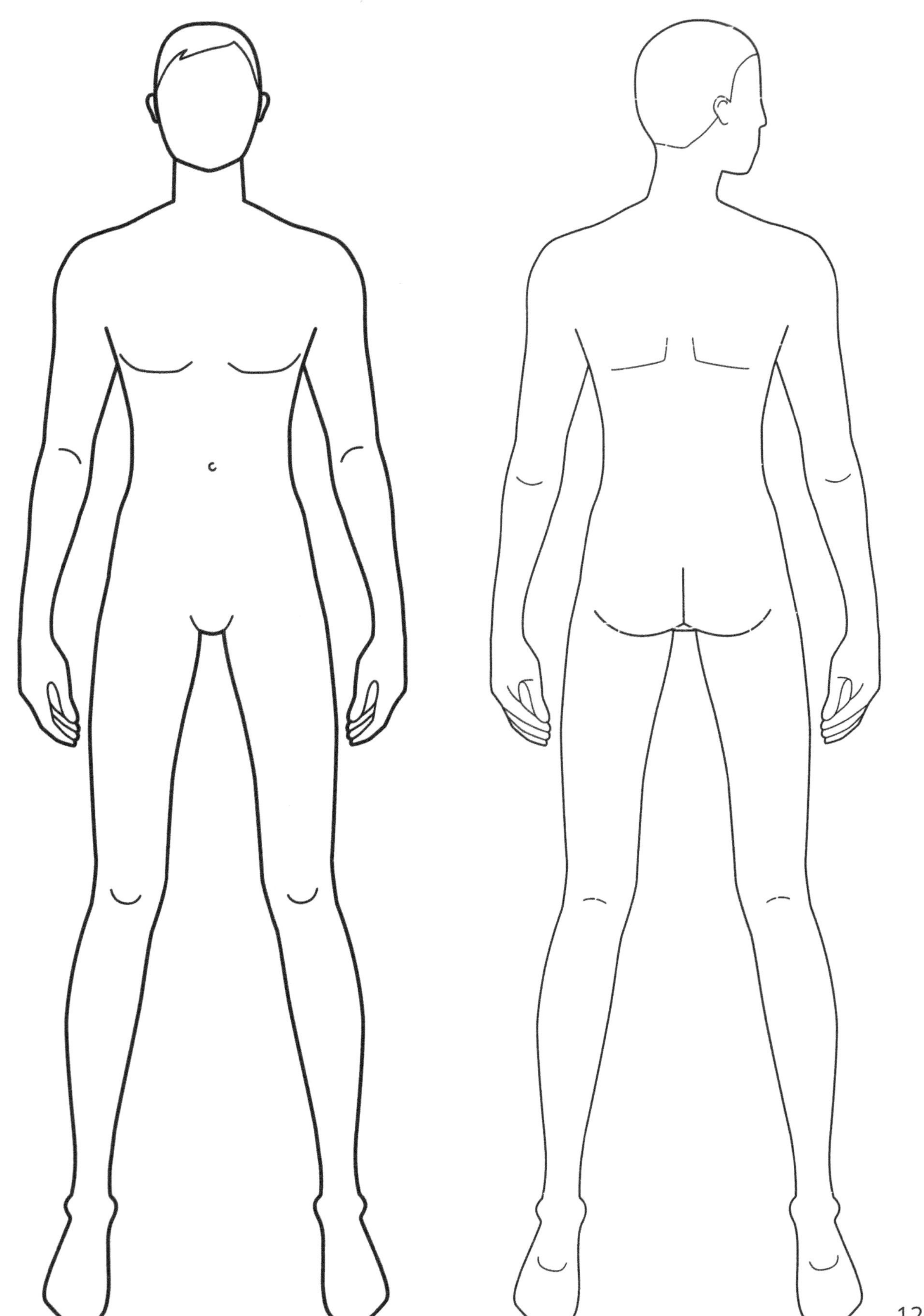

Tes notes et photos d'inspiration ¹²¹

Cette page est ton tableau d'humeur personnel. Utilise-la pour documenter tes expériences de style, capturer tes inspirations et créer un journal de ton parcours de designer.

- Colle des découpages de magazines, des échantillons de tissu ou des croquis de tenues.
- Note ce qui a fonctionné, ce que tu aimerais améliorer et comment tu imagines le design dans la réalité.
- Garde une trace des thèmes ou formes récurrents qui définissent ton esthétique.

Astuce : *Les collections les plus fortes naissent souvent de petites idées. Garde tout ce qui attire ton regard - cela pourrait devenir la graine de ta prochaine grande création.*

Inspiration tenue :
Chic de bureau et glamour de défilé

Tenue audacieuse + Mode masculine avant-gardiste

Inspiration chic de bureau

Parfois, la tenue de bureau consiste à faire une déclaration. Des blazers vivement colorés, chemises à motifs ou textures inattendues rehaussent les looks quotidiens. Les associer à des pantalons neutres équilibre créativité et professionnalisme.

Inspiration glamour de défilé

La mode masculine avant-gardiste explore des silhouettes spectaculaires et des tissus expérimentaux. Des manteaux oversize, coupes asymétriques ou textures superposées bousculent les conventions. Ces créations sont conçues pour captiver le regard, fusionnant art conceptuel et mode.

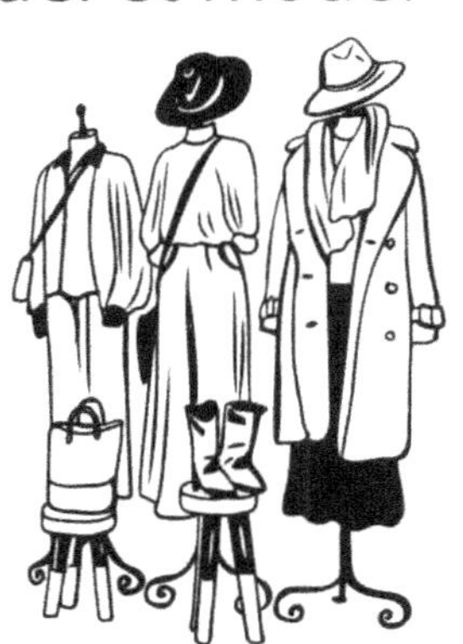

Tendances

Inspiration

Textiles

Notes

Détails

Échantillons

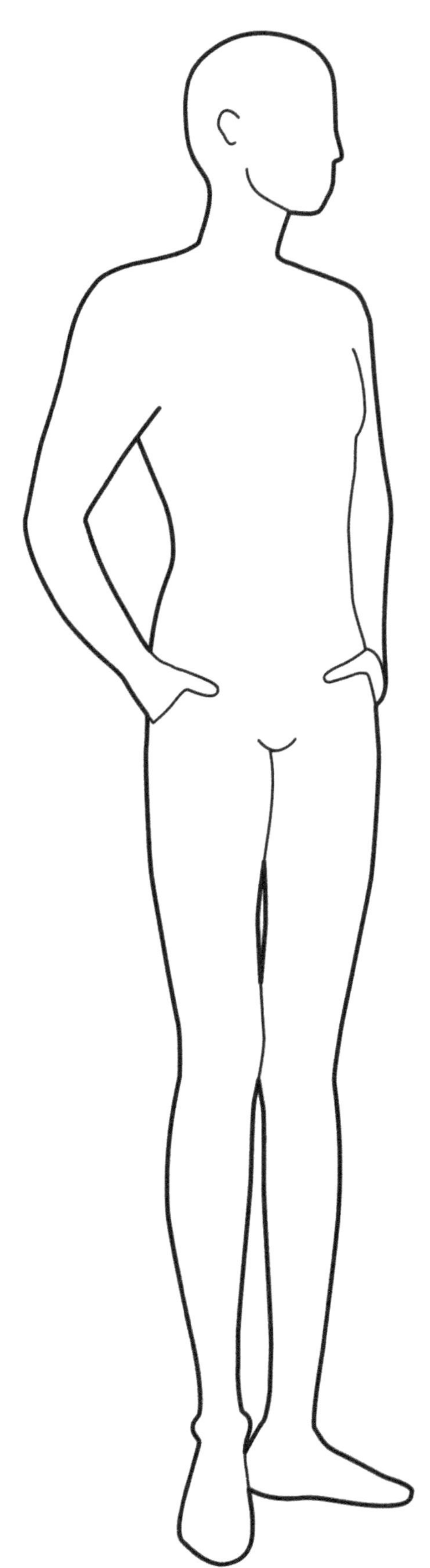
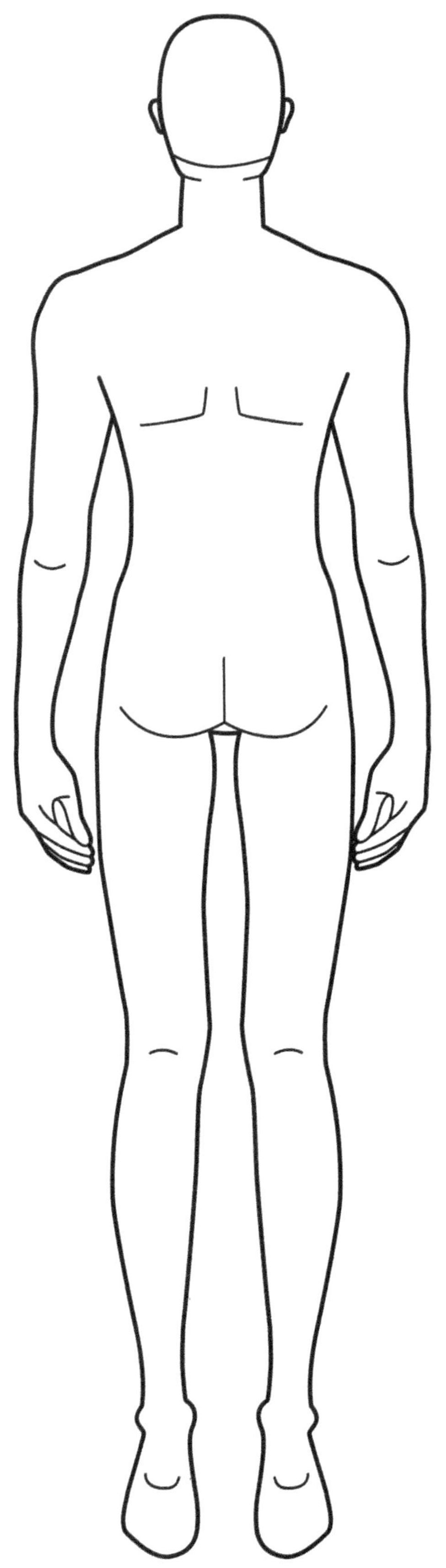

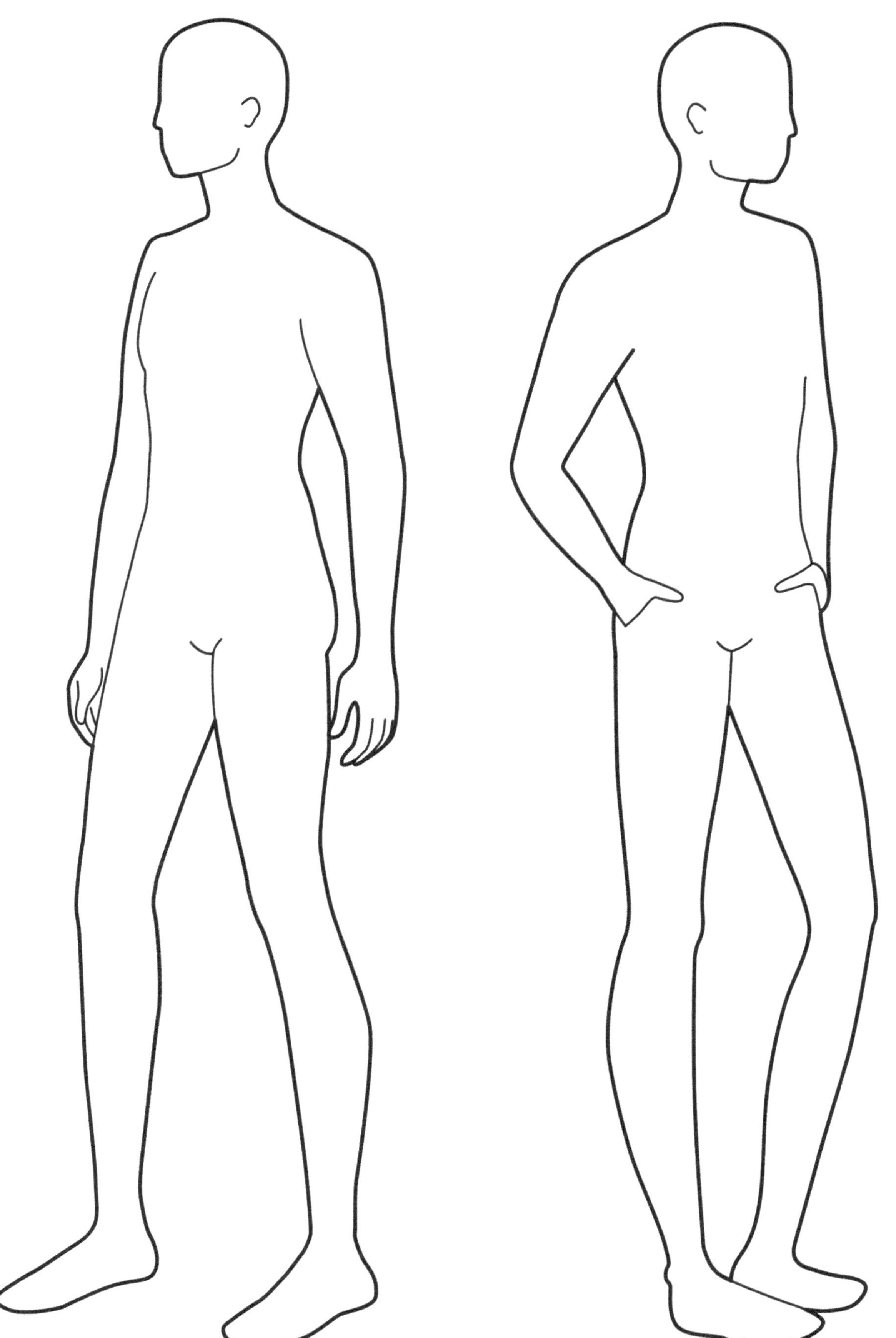

Tendances

Inspiration

Textiles

Notes

Détails

Échantillons

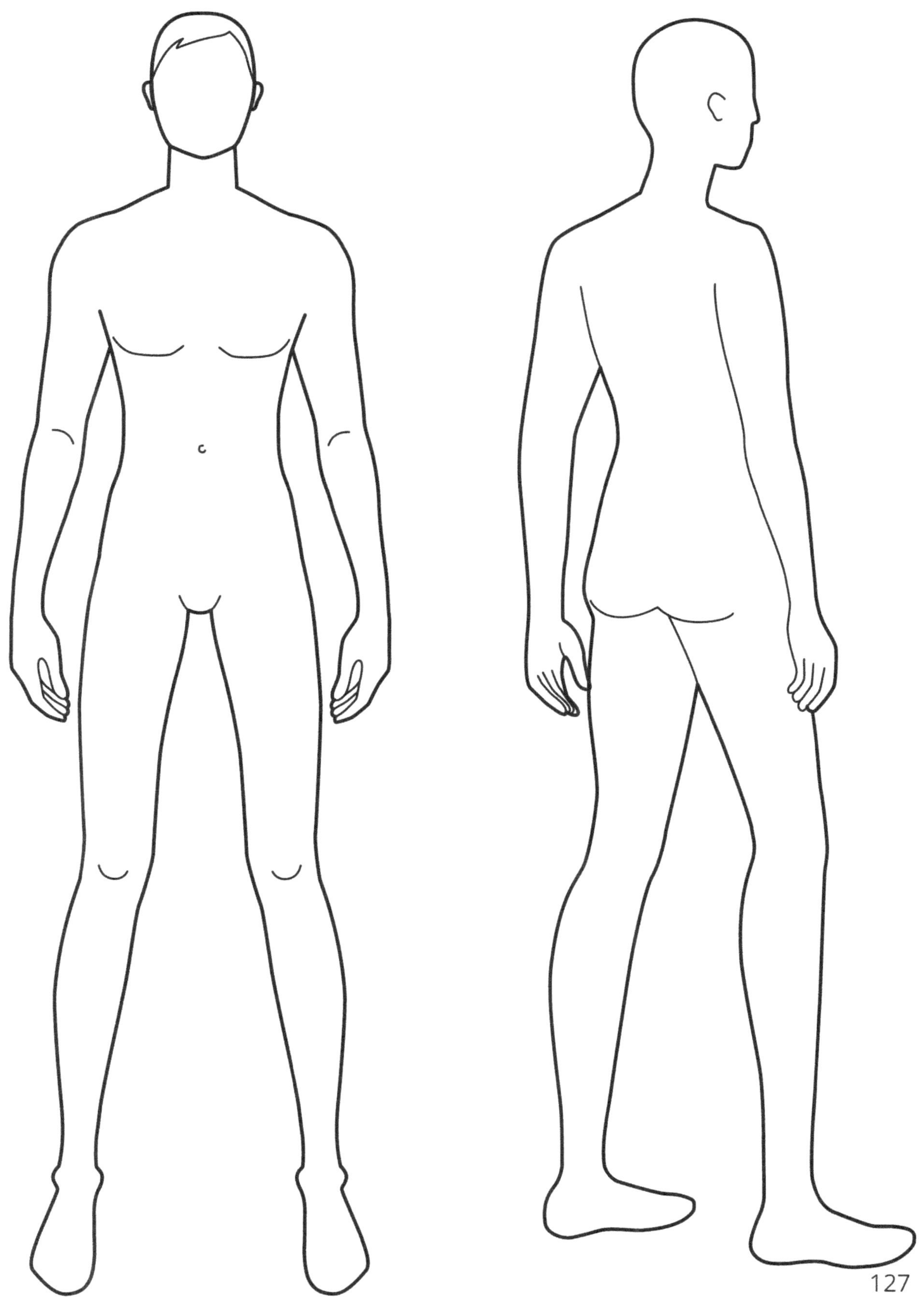

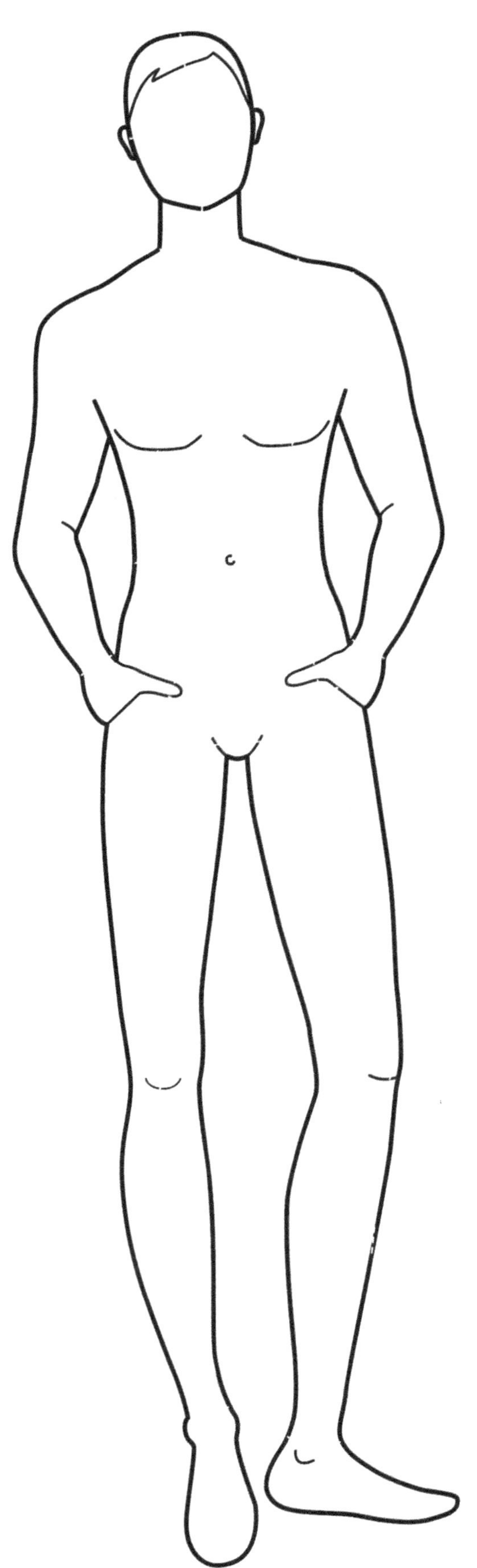
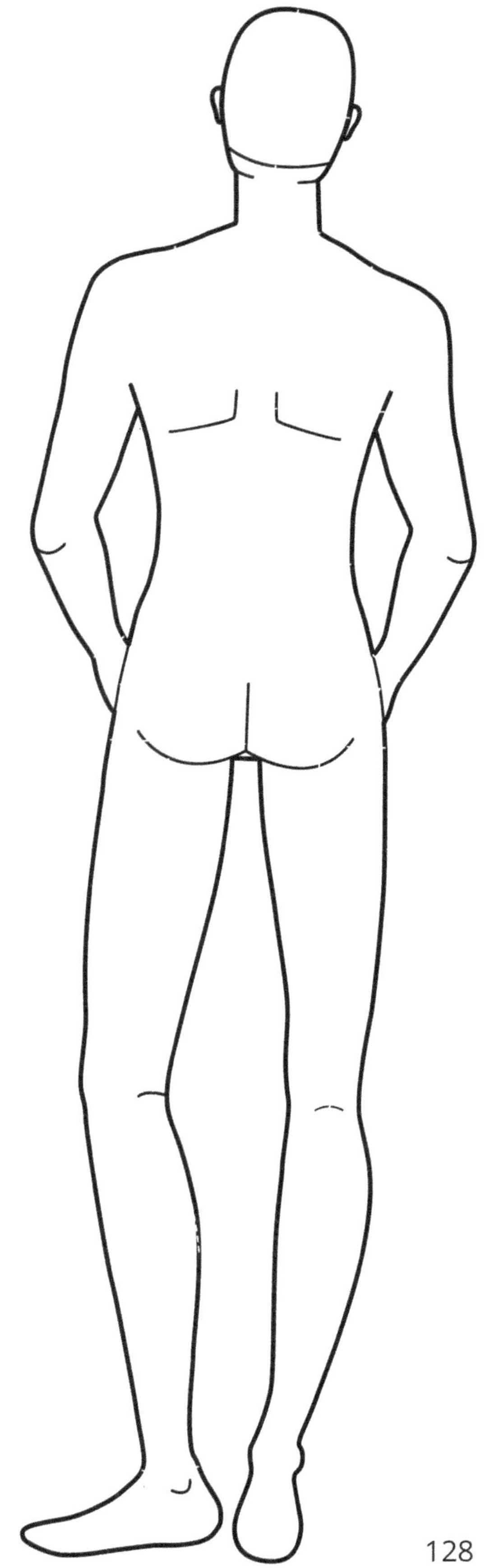

Tendances

Inspiration

Textiles

Notes

Détails

Échantillons

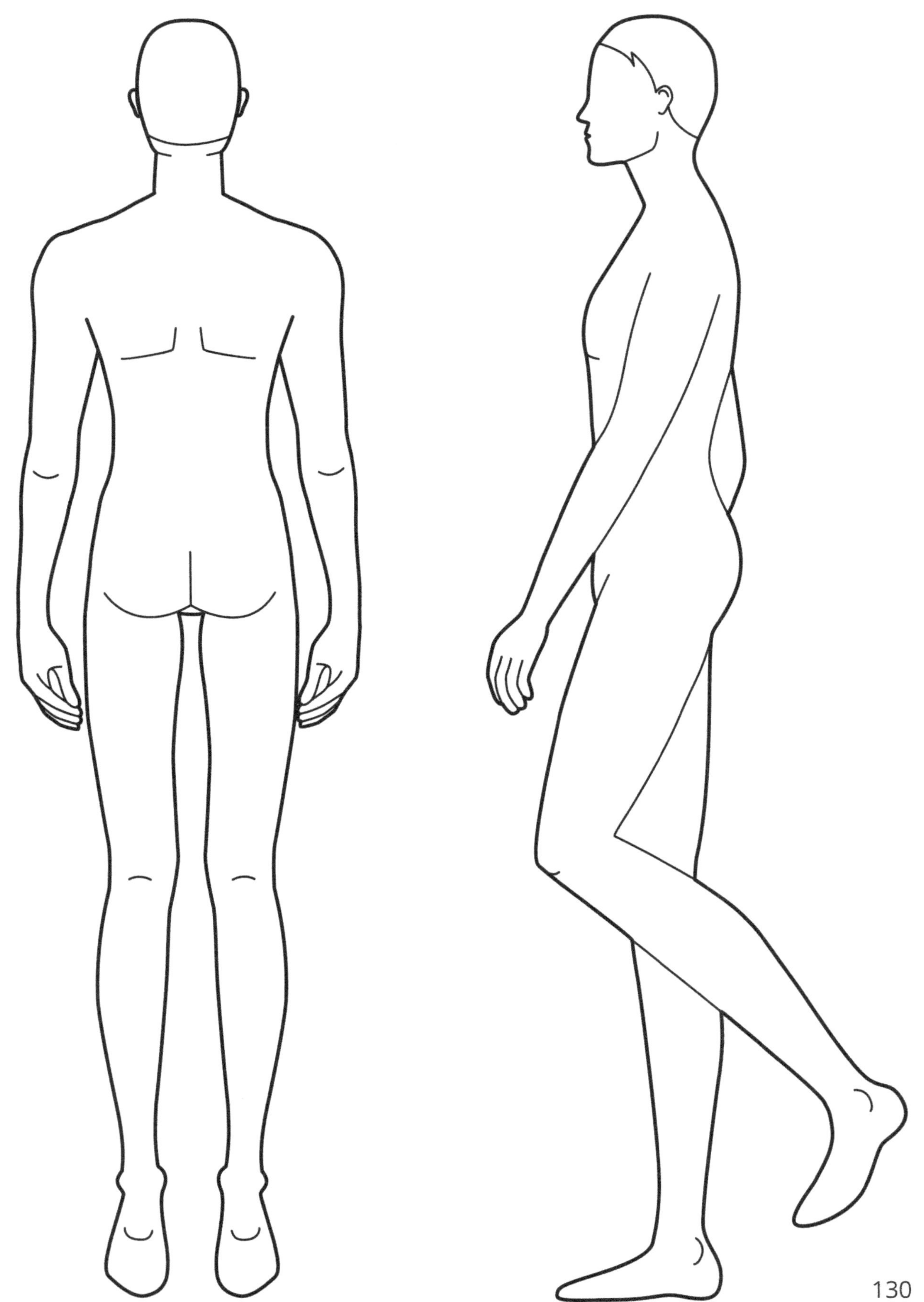

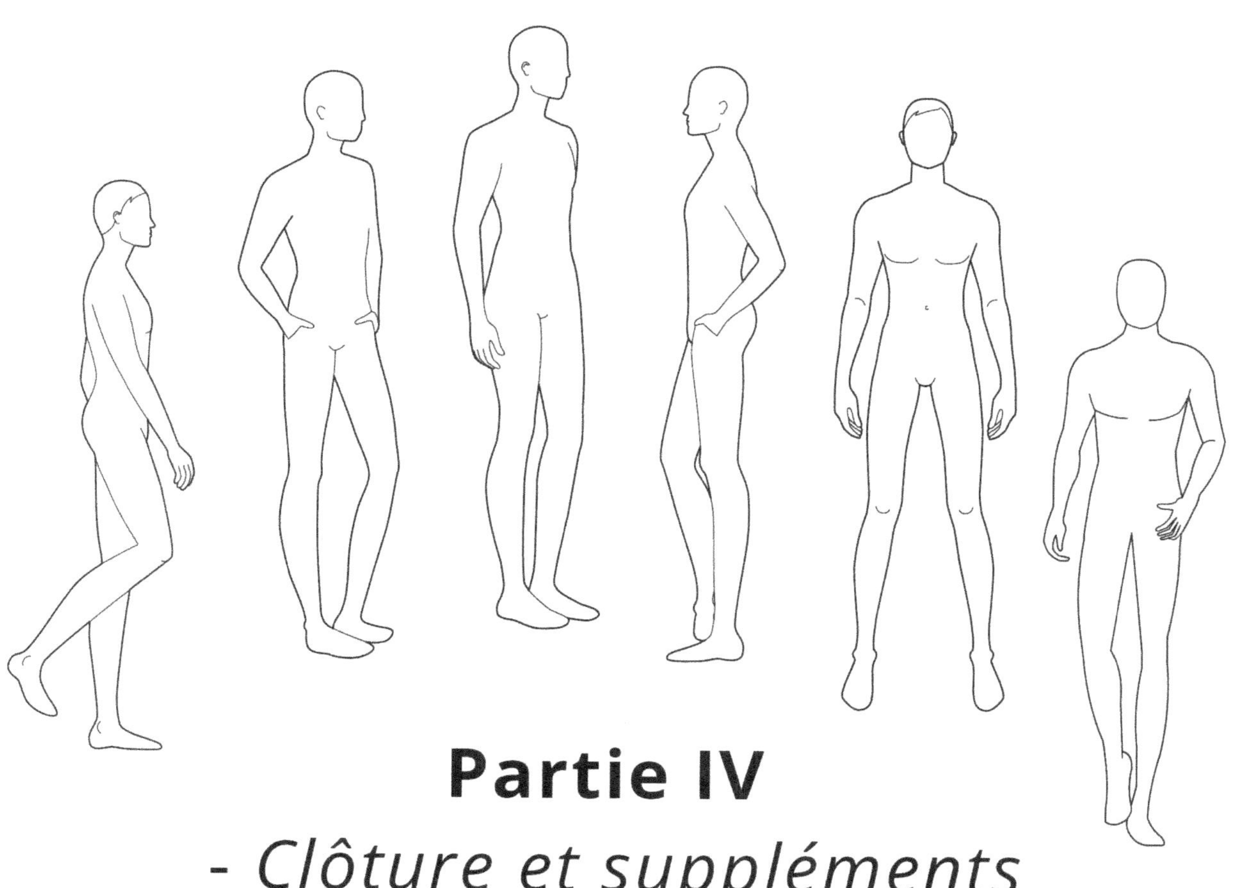

Partie IV
- Clôture et suppléments

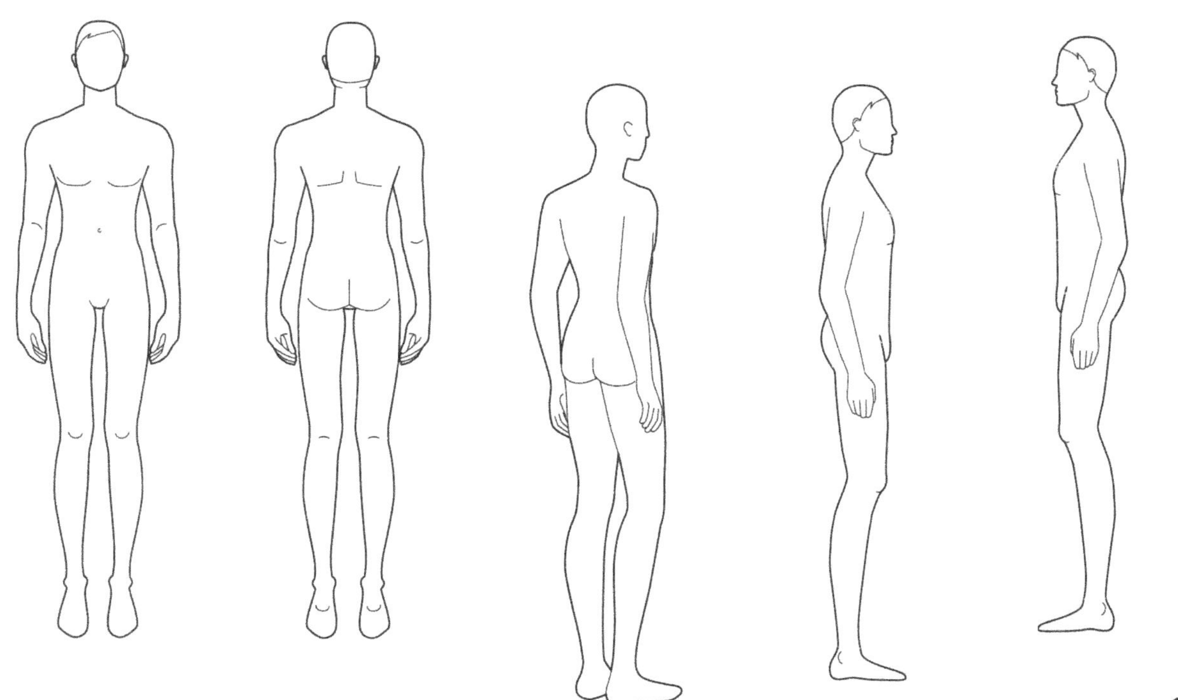

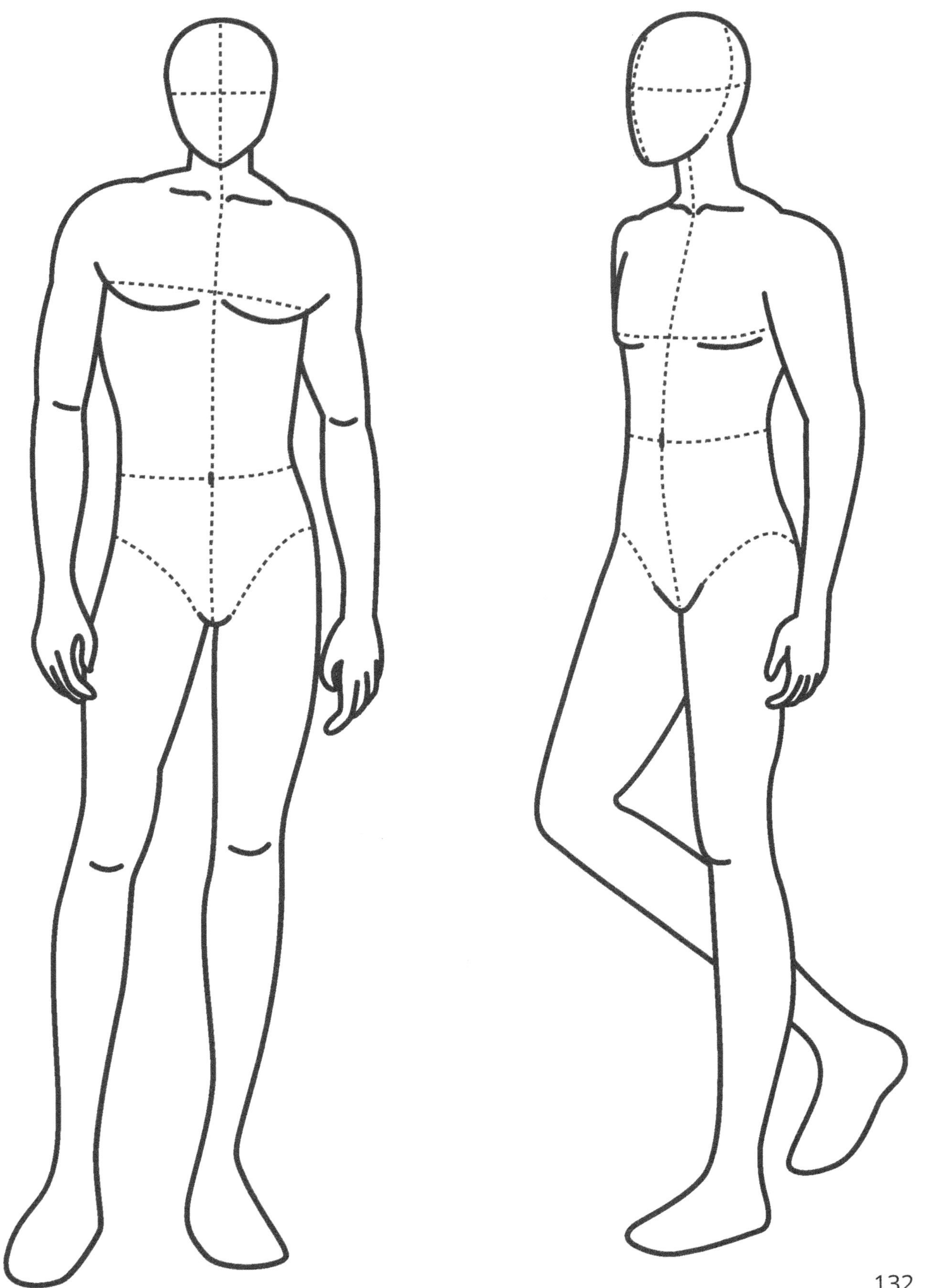

Redessiner une silhouette classique

 Prends une silhouette masculine intemporelle - comme un costume ajusté, un blouson aviateur ou un jean - et apporte-lui une touche moderne. Conserve la structure mais expérimente avec le tissu, la couleur ou les détails.

Pistes de réflexion :
- Quelle partie du design as-tu le plus modifiée ?
- Es-tu resté dans le portable ou as-tu opté pour quelque chose de plus artistique ?
- En quoi ta refonte reflète-t-elle les tendances actuelles ?

Astuce *: « Les mises à jour modernes redonnent vie aux classiques. »*

Défi garde-robe capsule

Crée une garde-robe capsule composée de 5 tenues masculines essentielles. Concentre-toi sur la polyvalence : chaque pièce doit pouvoir se combiner avec les autres.

Pistes de réflexion :
- Quels sont les 5 éléments qui forment la base de ta capsule ?
- Comment fonctionnent-ils ensemble pour couvrir différentes occasions ?
- L'équilibre entre le décontracté et le formel est-il bien pensé ?

Astuce *: « Moins de pièces, plus de possibilités. »*

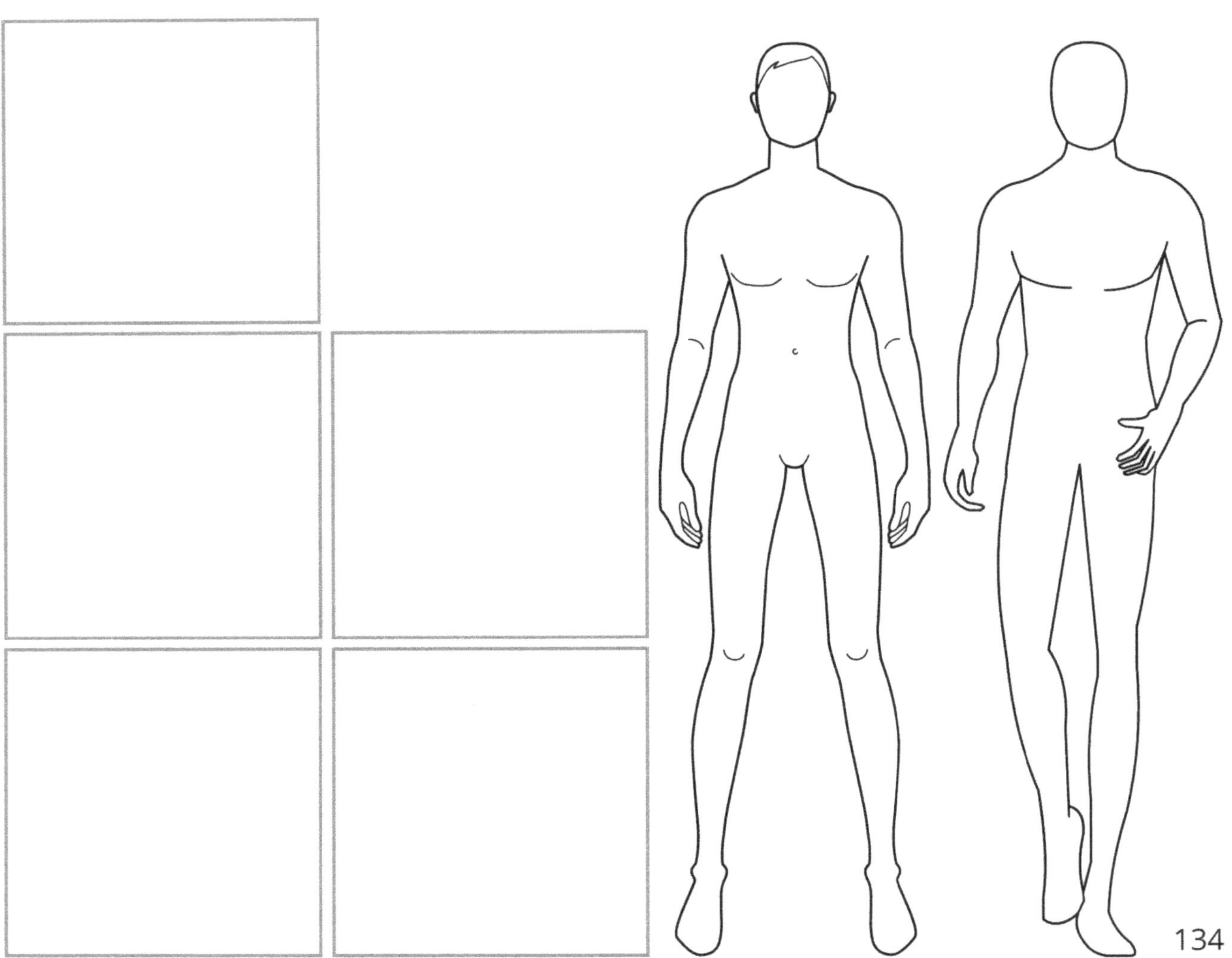

Inspiration saisonnière

Choisis une saison et crée une tenue inspirée par celle-ci - fraîcheur printanière, légèreté estivale, superpositions automnales ou élégance hivernale.

Pistes de réflexion :

- Quelles couleurs ou textures représentent le mieux ta saison ?
- Comment la fonctionnalité (chaleur, confort, respirabilité) influence-t-elle ton design ?
- La tenue reste-t-elle stylée et actuelle ?

Astuce : « *Le style saisonnier = une inspiration intemporelle.* »

Transformation du T-shirt

Pars d'un T-shirt masculin uni et réinvente-le. Joue avec les coupes, les motifs, les superpositions ou les combinaisons de matières.

Pistes de réflexion :
- En quoi ton T-shirt se distingue-t-il de l'ordinaire ?
- Est-il plutôt décontracté, sportif ou haute couture ?
- Ton design conviendrait-il à une production de masse ou à une édition limitée ?

Astuce *: « L'objet le plus simple peut porter les idées les plus audacieuses. »*

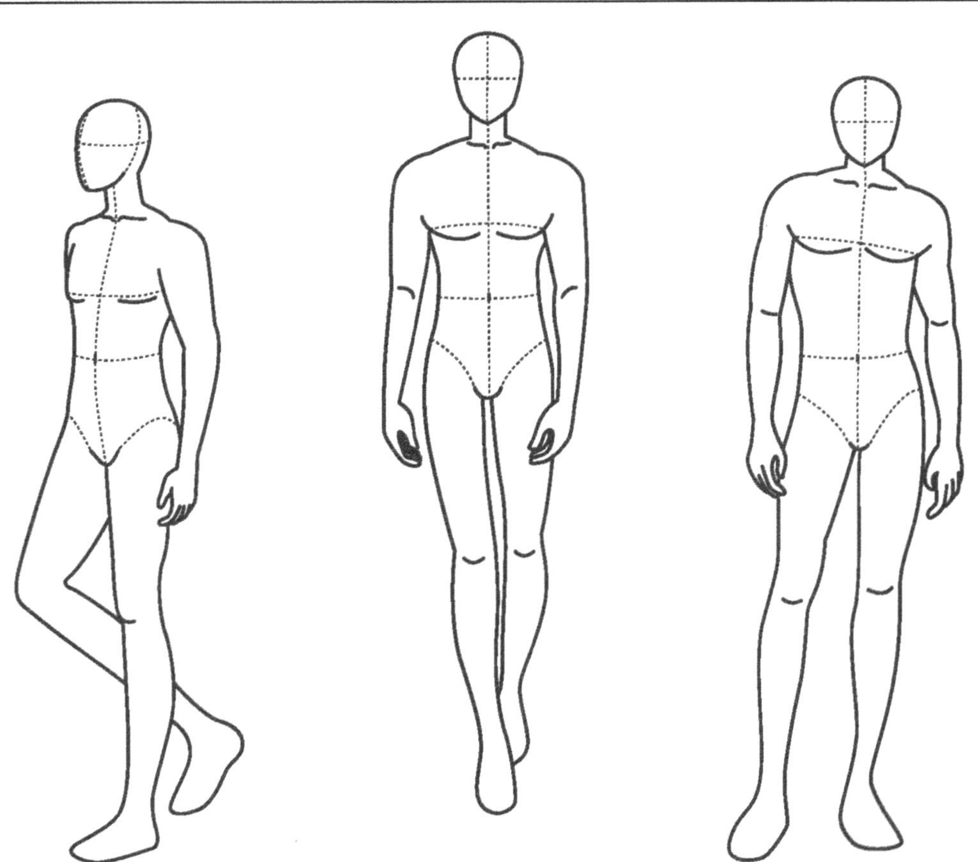

Mixer et assortir les opposés

Combine deux styles opposés dans une seule tenue (ex. : streetwear + formel, sportif + luxe, vintage + futuriste).

Pistes de réflexion :

- Quels éléments contrastent le plus fortement ?
- Comment as-tu équilibré tension et harmonie ?
- Le résultat est-il inattendu mais portable ?

Astuce : « *Les contrastes créent le caractère.* »

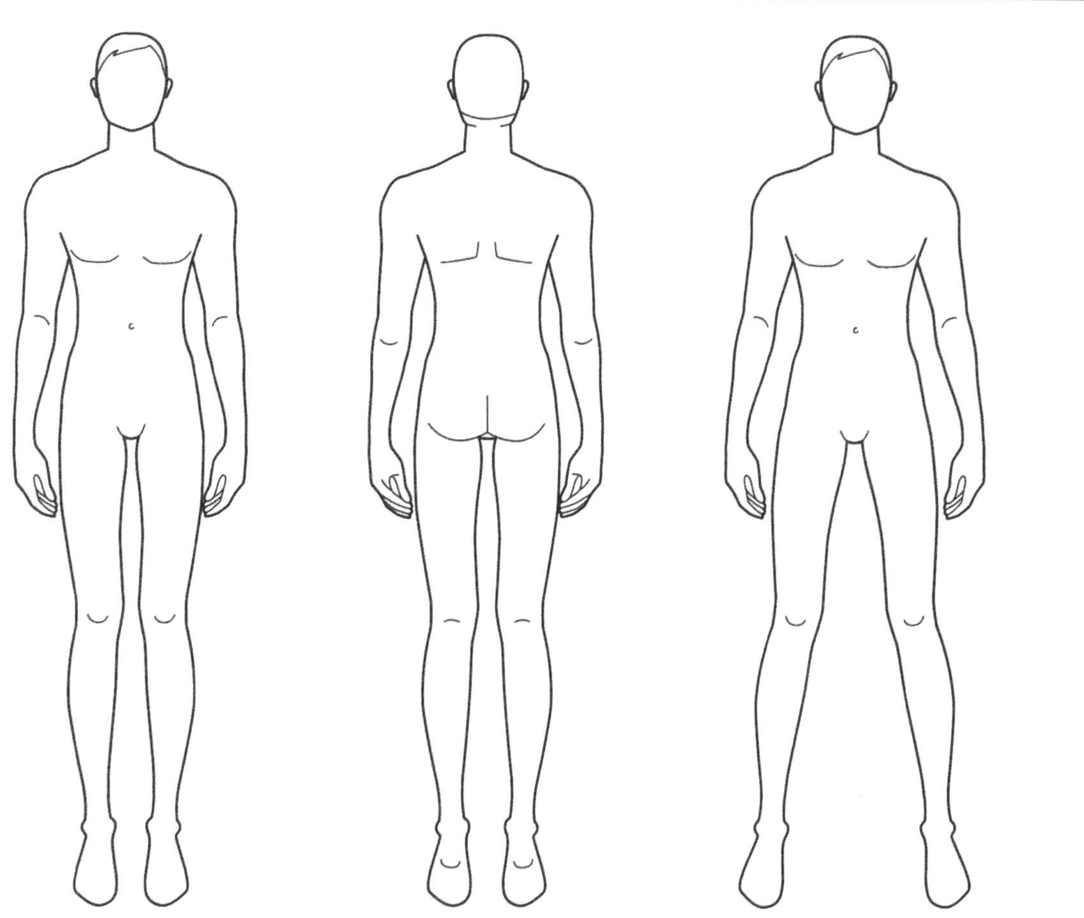

Focus accessoire

Crée un accessoire masculin marquant (montre, baskets, sac à dos, chapeau, cravate, etc.) capable de transformer un look. Les accessoires racontent des histoires puissantes.

Pistes de réflexion :
- Quel accessoire as-tu choisi et pourquoi ?
- Comment complète-t-il ou rehausse-t-il la tenue ?
- Pourrait-il devenir une pièce emblématique d'une collection ?

Astuce *: « Les accessoires sont les points d'exclamation du style. »*

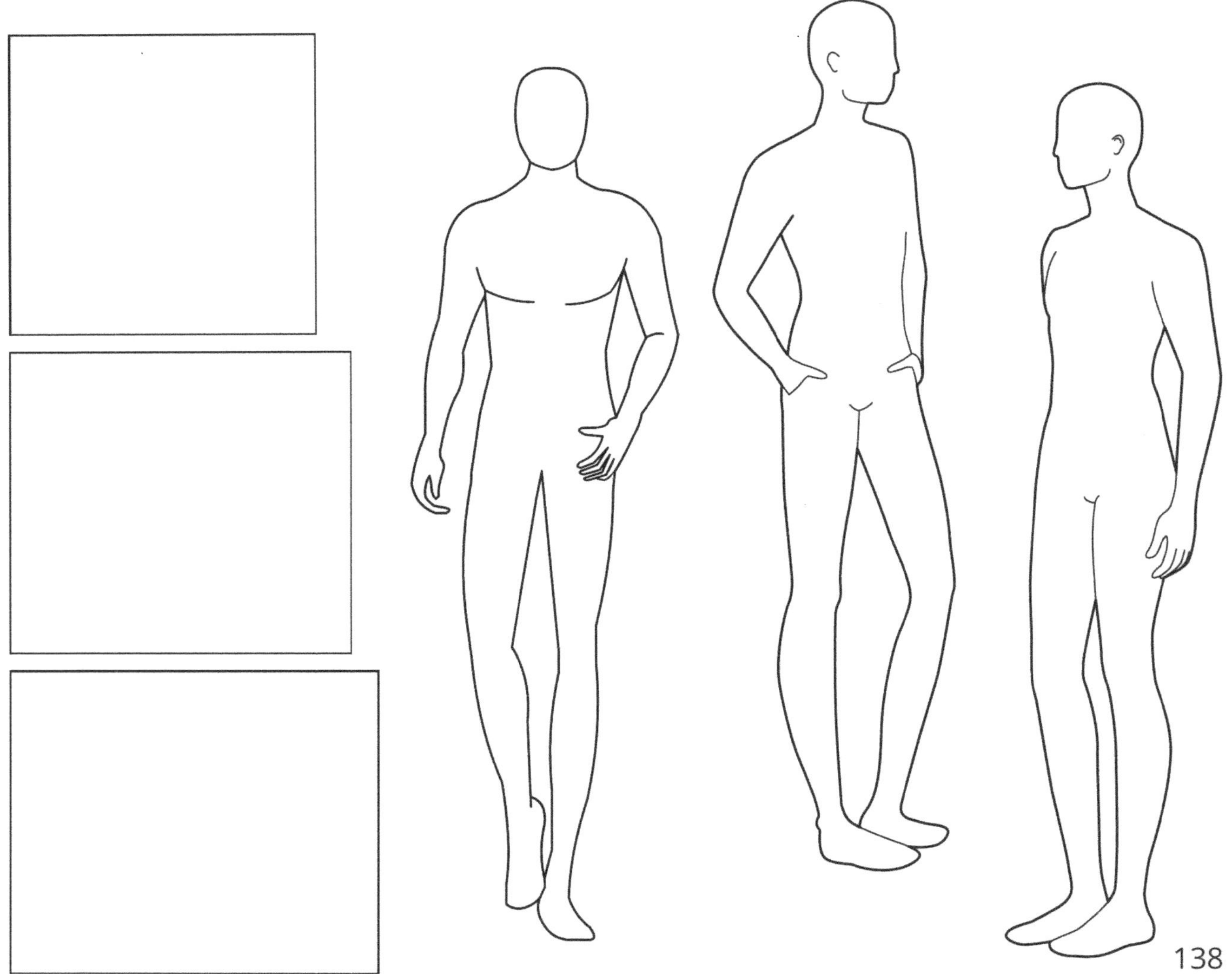

La mode à travers le temps

Choisis une décennie (années 1920, 1970, 1990, etc.) et redessine un look masculin inspiré de cette époque, mais actualisé pour aujourd'hui.

Pistes de réflexion :

- Quels éléments clés définissent la décennie choisie ?
- Comment les as-tu adaptés aux tendances modernes ?
- Le design conserve-t-il son charme rétro tout en paraissant contemporain ?

Astuce : « Chaque décennie laisse son empreinte - réinterprète-la avec ta vision. »

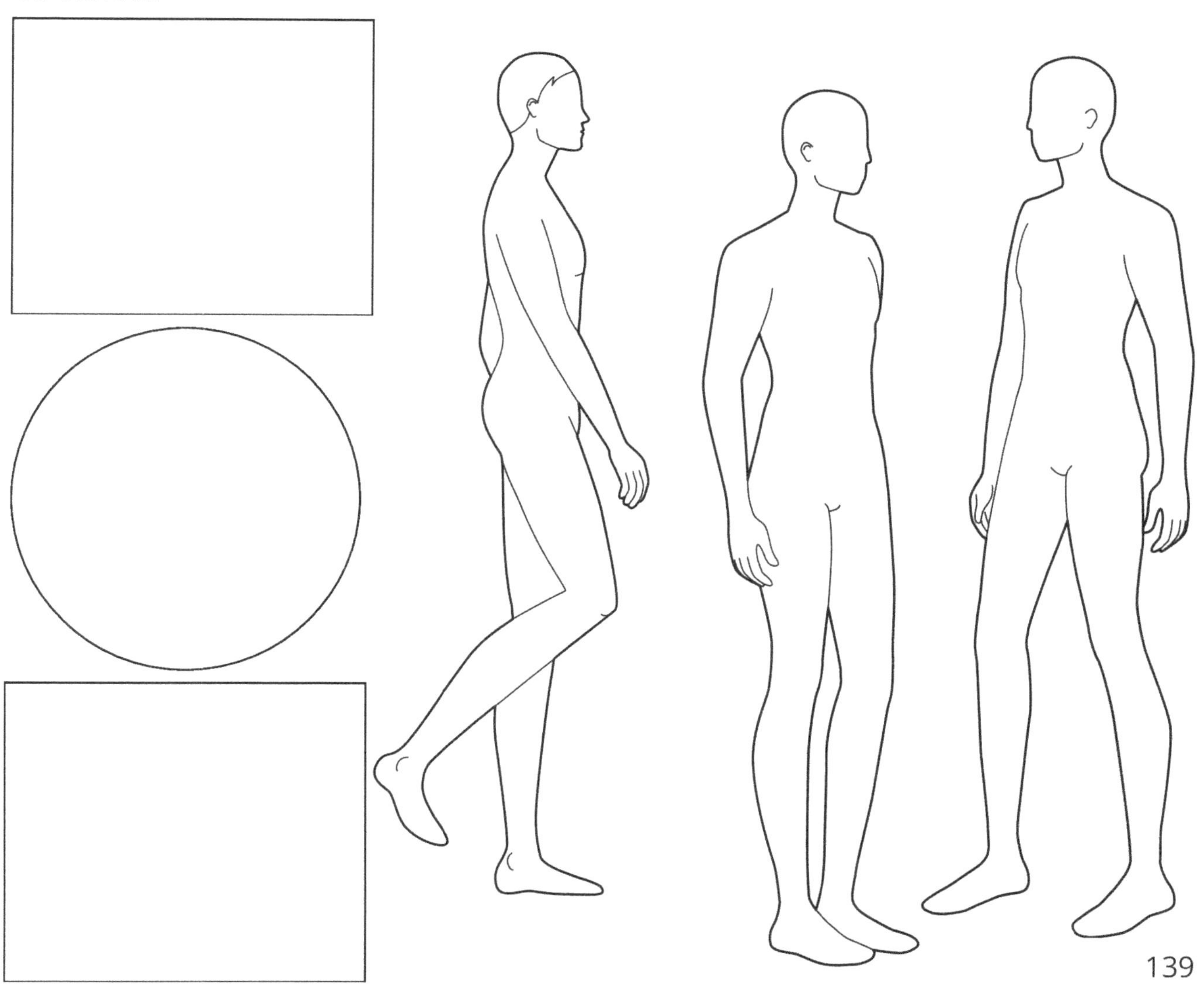

Du moodboard à la tenue

Crée un mini moodboard, puis imagine une tenue à partir de celui-ci. Rassemble des couleurs, textures et images qui t'inspirent, colle-les ou dessine-les ci-dessous, puis traduis cette ambiance en look portable.

Pistes de réflexion :

- Quel est le thème de ton moodboard ?
- Quels éléments se sont traduits dans ton design ?
- La tenue finale reflète-t-elle bien l'atmosphère du moodboard ?

Astuce : « *Un concept fort = une collection forte.* »

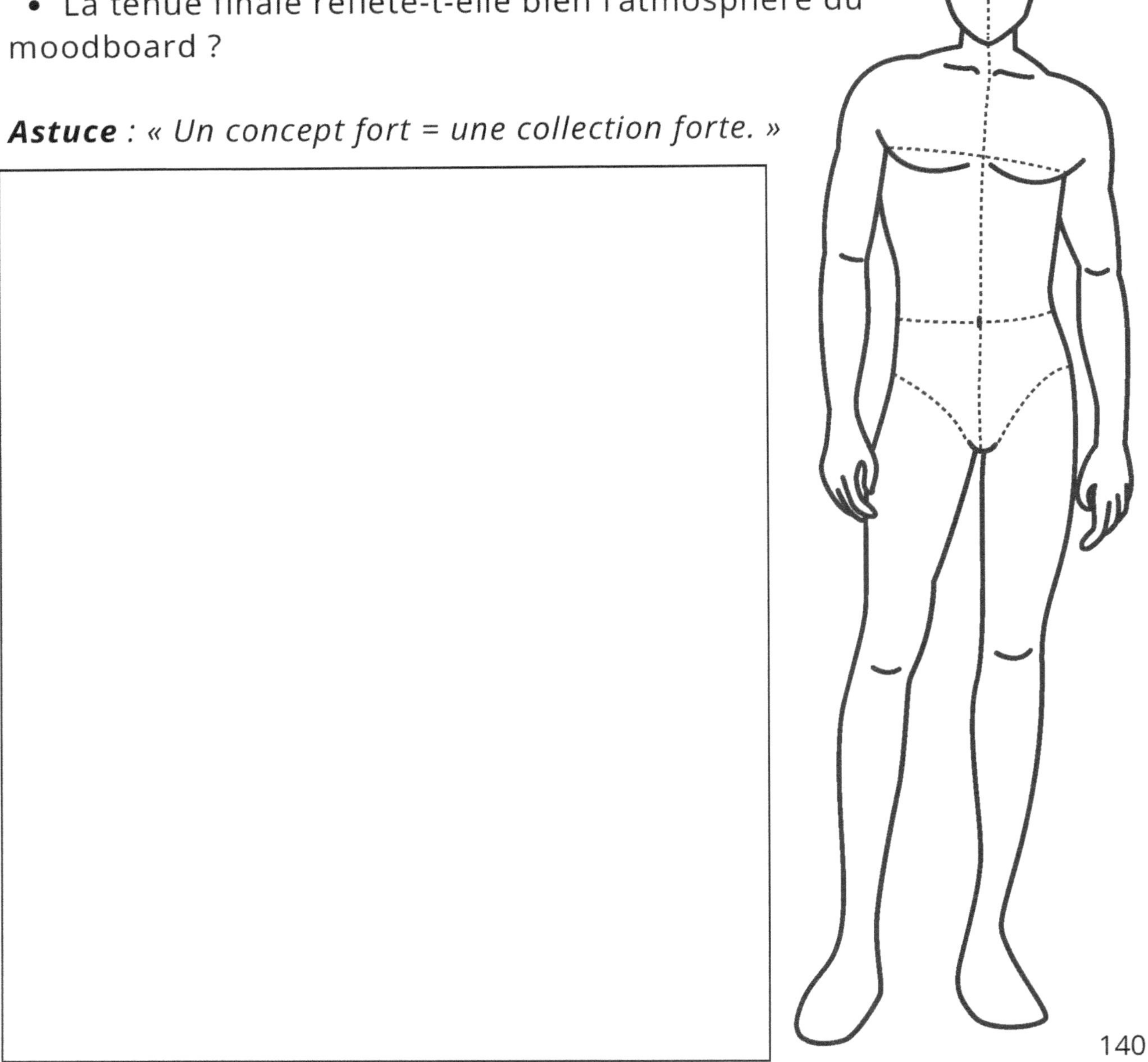

Liste de vérification du créateur de mode

Tout créateur de mode a besoin des bons outils et accessoires essentiels. Utilise cette liste pour être prêt à chaque session de croquis et projet de création. Coche les cases au fur et à mesure que tu constitues ta boîte à outils créative, et n'hésite pas à ajouter tes indispensables personnels !

Essentiels pour la création
- Carnets de croquis et papier vierge ....
- Silhouettes de mode masculines ....
- Crayons (HB, 2B, 4B) ....
- Feutres fins et stylos à encre ....
- Gommes et taille-crayons ....
- Règles et courbes françaises ....

Couleur et textures
- Crayons de couleur ....
- Marqueurs / marqueurs à alcool ....
- Aquarelles ou gouache ....
- Échantillons de tissus ....
- Échantillons de textures ....

Outils et accessoires
- Ciseaux et cutters ....
- Bâton de colle / ruban adhésif ....
- Mètre ruban ....
- Aiguilles / pinces / épingles ....
- Pochette ou classeur de portfolio ....

Outils numériques (facultatifs)
- Tablette de dessin ....
- Stylet ....
- Logiciel de mode (CAO / applications de croquis) ....

Recherche textile
- Catalogues de textiles ....
- agazines de tendances ....
- Matériaux pour moodboard ....

Mes tissus et marques préférés
- Espace de notes

Cette page t'est entièrement réservée !

Note tes tissus, textures et marques favorites. Pense aux matières qui t'inspirent le plus - qu'il s'agisse du coton doux, de la laine structurée ou du cuir lisse.

Mes 3 tissus préférés :

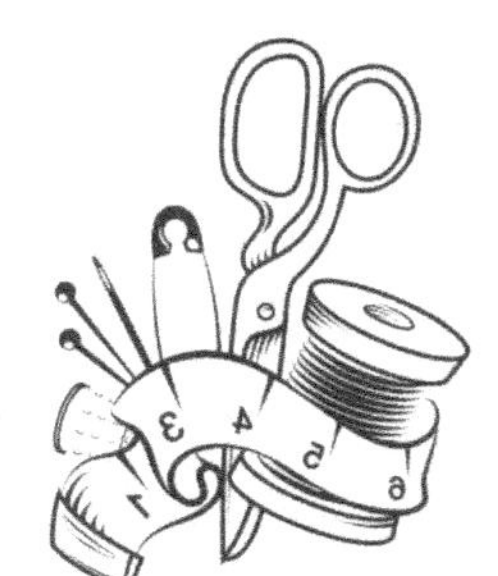

- Tissus que j'aimerais utiliser :
- Ma boutique ou marque textile de référence :
- Le tissu qui représente le mieux mon style :
- Matière de rêve à utiliser un jour :

Laisse de la place pour les notes et de petits encadrés où coller des échantillons de tissus.

Mon journal personnel de mode

Un espace pour tes réflexions de créateur.

Tu es arrivé à la dernière section de ce carnet de croquis - mais ce n'est que le début de ton parcours créatif.

Utilise cette page pour noter tes pensées, tes apprentissages et tes rêves :

- Ce que j'ai appris jusqu'à présent :
- Mes créations préférées :
- Le style qui me représente le mieux :
- Mes prochains objectifs de créateur :

« Chaque croquis est une nouvelle possibilité. Continue d'expérimenter, de dessiner et de créer. »

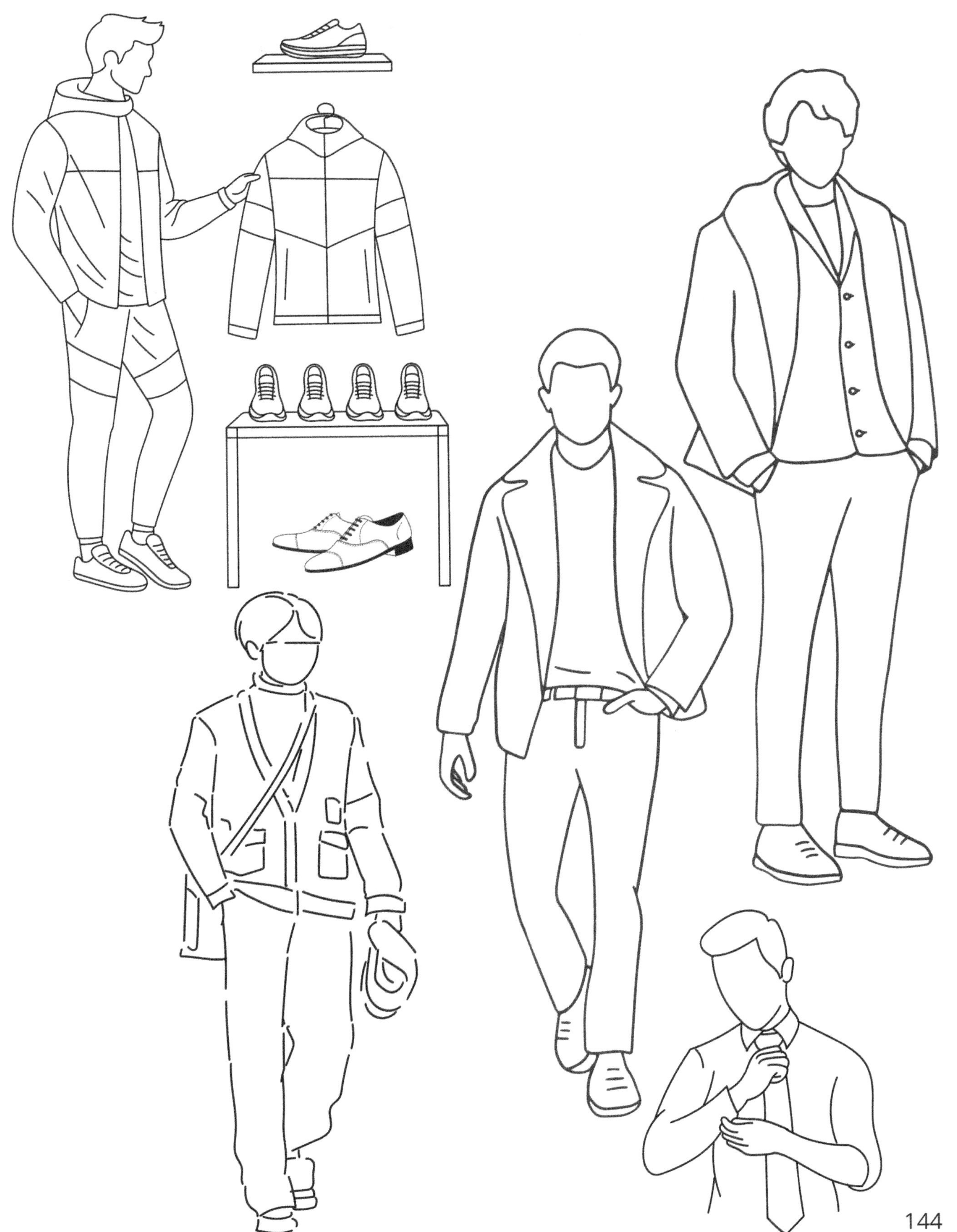

Félicitations !
Tu l'as fait !

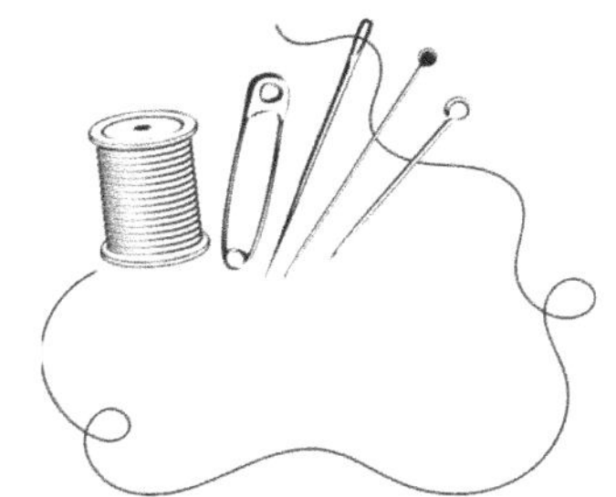

Bravo, créateur !

Tu es arrivé aux dernières pages de ce carnet de pratique, ce qui signifie que tu as investi du temps, de l'énergie et de la créativité dans le développement de ta vision.

Que tu aies commencé en tant que débutant ou avec de l'expérience, chaque croquis, idée et note ajoutés ici représentent une étape de ton parcours.

La mode, c'est bien plus que des tissus et des coupes. C'est une histoire, une identité, une expression de créativité. Chaque exercice complété t'a rapproché de ton style unique et a renforcé ta confiance dans ton art.

Souviens-toi : la progression vient avec la constance.
Continue de dessiner, d'explorer, et surtout - amuse-toi avec ton art.
Nous aimerions avoir ton avis !

Si ce carnet t'a inspiré, prends un moment pour partager ton ressenti.
Ton témoignage peut aider d'autres créateurs à découvrir ce livre et à débuter leur propre aventure créative.

Merci d'avoir fait partie de cette expérience !

Continue de dessiner, de créer
et de donner vie à ta vision !

Niky Jadesson

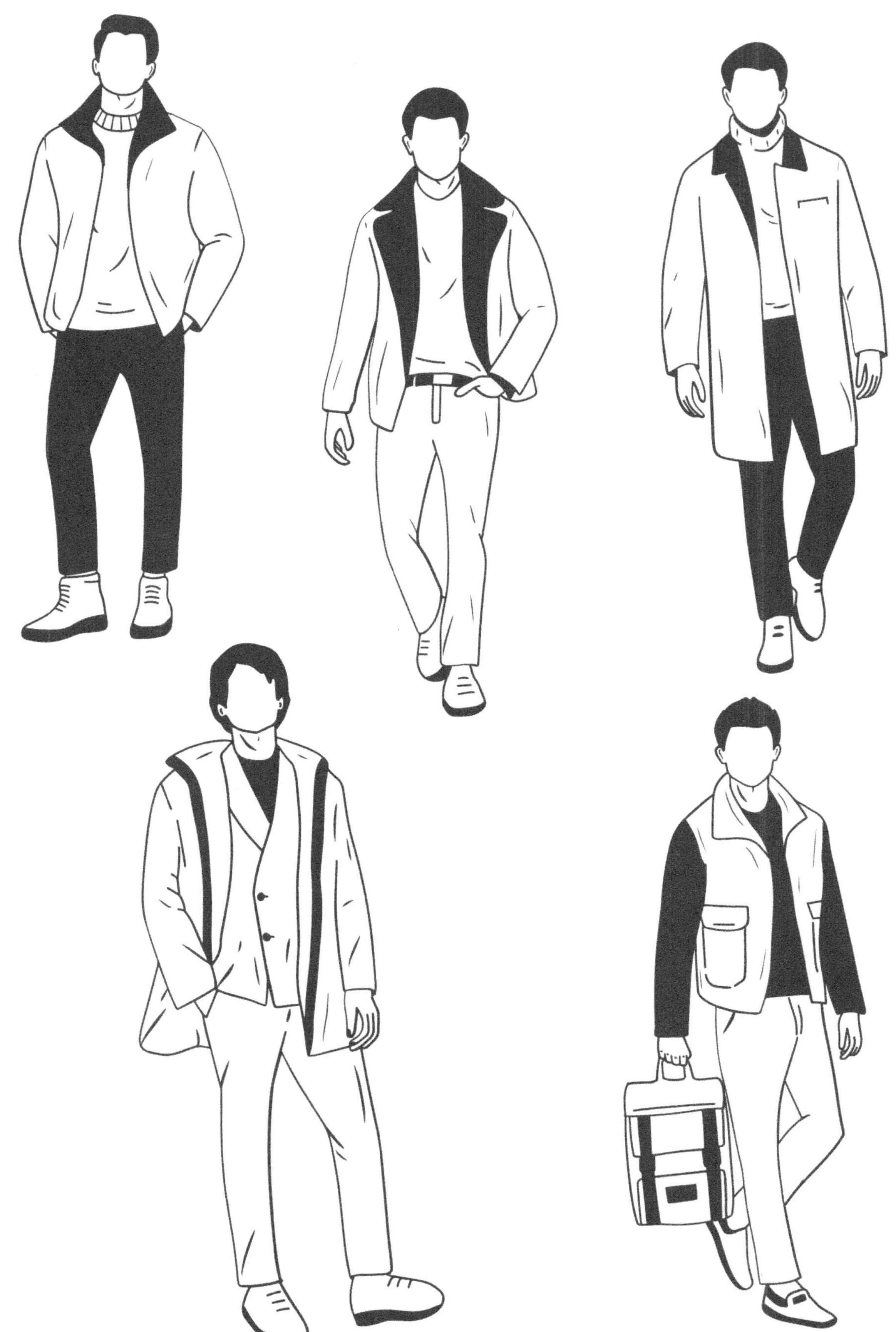

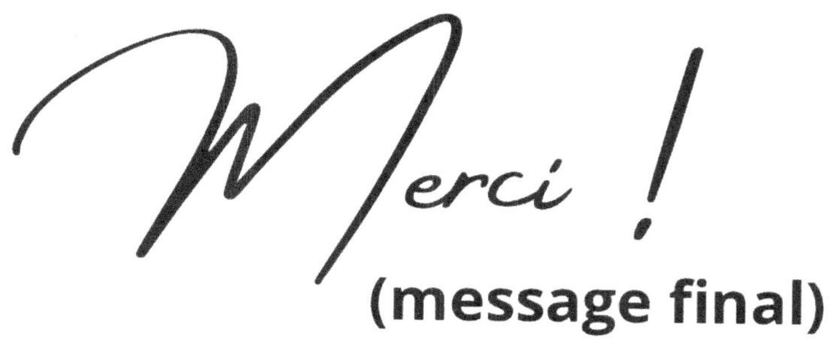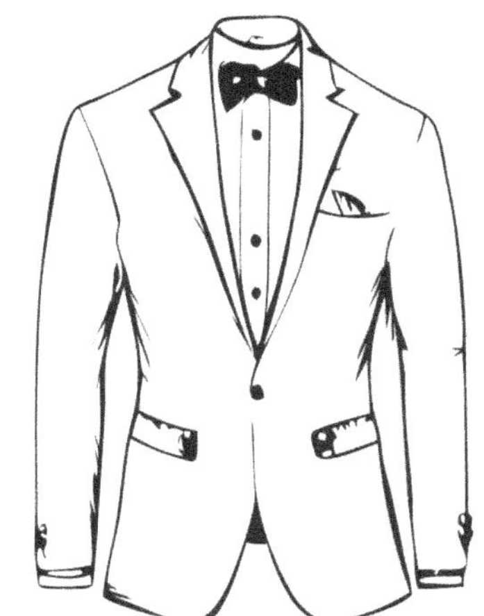

Merci !
(message final)

Merci d'être ici !

Nous espérons que tu as apprécié ce carnet de croquis et que tu l'as trouvé inspirant, pratique et agréable à utiliser.

Ton soutien compte énormément pour nous !

En tant que projet d'édition indépendant, chaque avis, mot gentil ou suggestion nous aide à créer davantage d'outils pour les futurs créateurs de mode comme toi.

Si tu souhaites partager ton ressenti, tes idées ou simplement dire bonjour, écris-nous à :

nikyjadesson@gmail.com

Tu peux aussi découvrir d'autres variations de ce carnet de croquis en cherchant : **Niky Jadesson Books**

**Merci encore d'avoir fait partie de
cette aventure créative -**
*que ton talent continue de briller
à travers chaque nouveau croquis !*

Niky Jadesson

Merci d'avoir choisi ce livre !

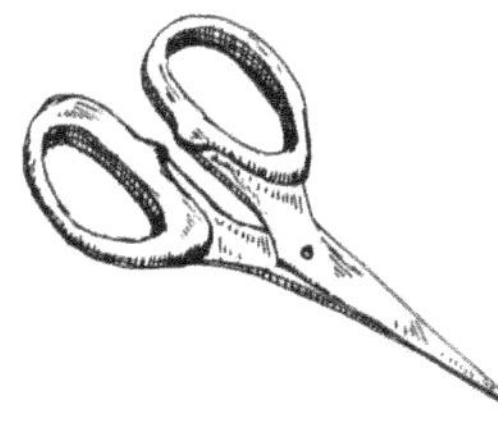 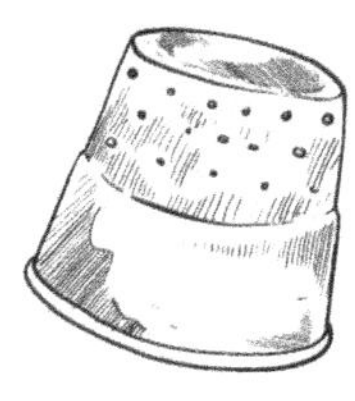 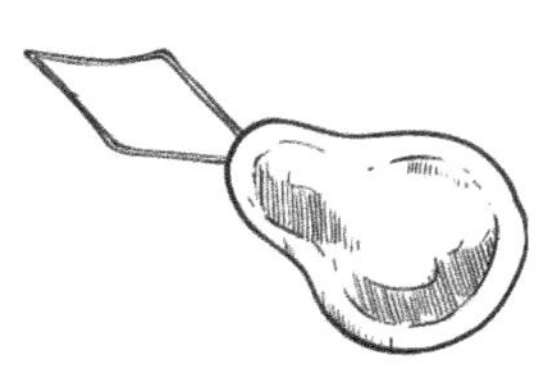 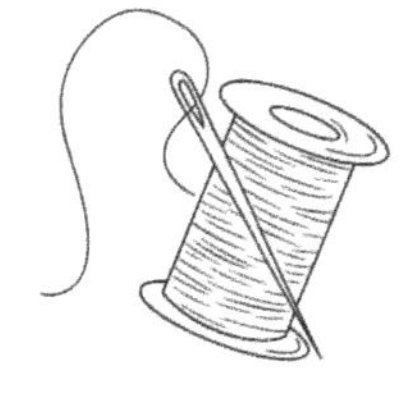

Nous te remercions sincèrement pour le temps, l'effort et la passion que tu as consacrés à ce carnet de croquis.

Ta créativité nous inspire à continuer de créer des ressources qui encouragent la progression, la confiance et l'expression personnelle.

Si tu as trouvé ce carnet utile, ton avis compte énormément - il aide d'autres créateurs à le découvrir et soutient notre mission de partage.

Envie d'explorer davantage ?

Retrouve d'autres carnets et variations en recherchant : **Niky Jadesson Books** en ligne.

Merci encore, et surtout :

Continue de dessiner, de créer et de donner vie à tes idées !

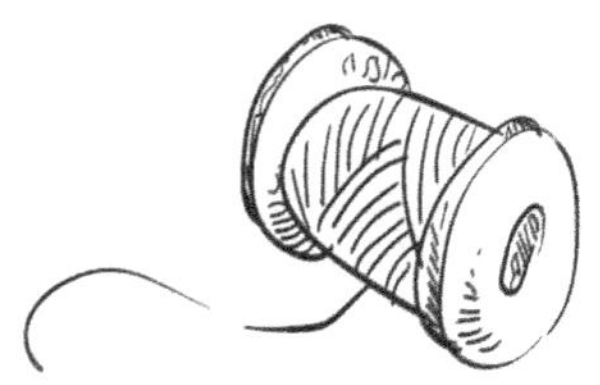

Niky Jadesson

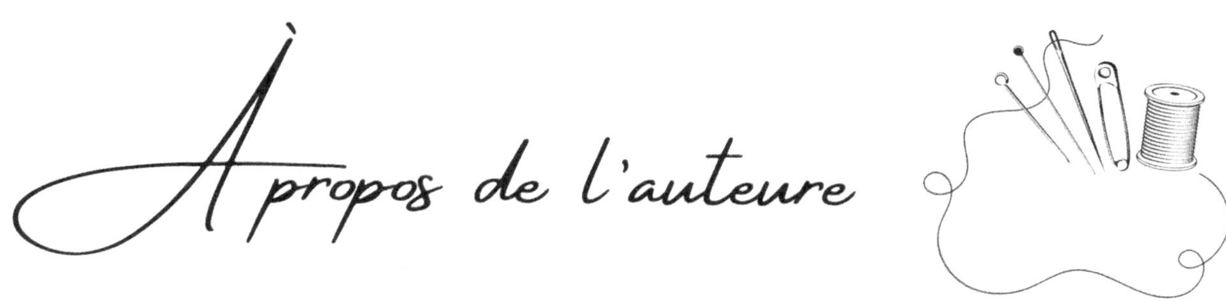

À propos de l'auteure

Niky Jadesson est une autrice et créatrice passionnée, animée par le désir de mêler apprentissage et imagination.

Amoureuse de l'art et de l'expression personnelle, elle conçoit des livres qui aident les lecteurs à explorer leur créativité, à développer leurs compétences et à savourer le processus d'apprentissage.

Son inspiration vient de la joie d'apprendre, de la beauté de la transformation et de l'élan de confiance qui accompagne la pratique.

Lorsqu'elle n'écrit pas ou ne travaille pas sur de nouveaux projets de design, elle aime se promener dans la nature, siroter du thé et imaginer de nouvelles façons de rendre la créativité plus ludique et accessible.

Sa mission est simple : inspirer et encourager chacun à s'exprimer, une page à la fois.

Ses projets d'édition incluent des carnets de croquis de mode pour femmes et hommes, conçus pour inspirer les créateurs de tous niveaux.

Découvre-en plus en recherchant : **Niky Jadesson Books**

Niky Jadesson

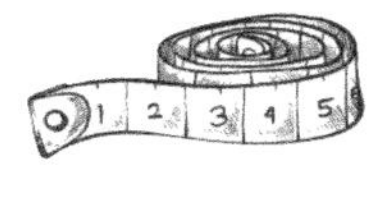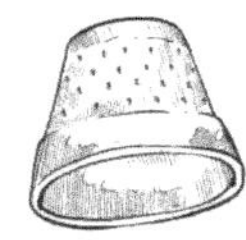

Glossaire des termes de mode

- **Silhouette -** La forme ou la ligne générale d'un vêtement ; c'est la première impression d'un design.
- **Patron -** Modèle servant à découper les pièces de tissu avant l'assemblage.
- **Tombé -** Manière dont le tissu se pose et se déplace sur un corps ou un mannequin.
- **Couture -** Ligne de points reliant deux pièces de tissu.
- **Ourlet -** Bord inférieur d'un vêtement, généralement fini pour éviter l'effilochage.
- **Corsage -** Partie supérieure d'un vêtement couvrant le torse.
- **Taille -** Ligne où le corsage rejoint la partie inférieure du vêtement.
- **Revers -** Rabats pliés à l'avant d'une veste ou d'un manteau.
- **Tailoring -** Art de concevoir et de réaliser des vêtements masculins ajustés.
- **Tissu de costume -** Textiles tels que la laine, le tweed ou le lin, utilisés pour les vêtements structurés.
- **Doublure -** Couche intérieure ajoutée pour le confort et la finition.
- **Textile -** Tout tissu tissé, tricoté ou manufacturé utilisé en mode.
- **Fibre -** Matière de base constituant les tissus (coton, laine, soie, polyester, etc.).
- **Couture (Haute couture) -** Pièces exclusives, faites sur mesure, souvent artisanales.
- **Prêt-à-porter (RTW) -** Vêtements produits en tailles standard et vendus en magasin.
- **Garde-robe capsule -** Petite collection polyvalente de pièces essentielles conçues pour s'assortir.

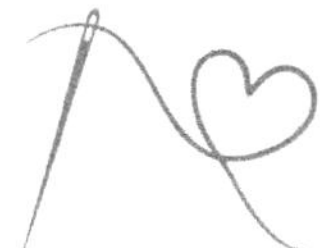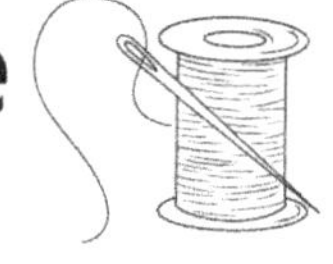

Glossaire des termes de mode
(suite)

- **Superposition (Layering) -** Technique consistant à combiner plusieurs vêtements pour créer profondeur et flexibilité.
- **Palette de couleurs -** Ensemble de tons choisis pour une collection ou une tenue.
- **Tendance -** Style ou détail populaire dominant la mode à un moment donné.
- **Moodboard -** Collage visuel d'images, de couleurs et de textures servant d'inspiration à un design.
- **Pince -** Pli cousu qui permet d'ajuster le tissu à la forme du corps.
- **Empiècement (Yoke) -** Panneau façonné, souvent aux épaules ou aux hanches, soutenant le reste du vêtement.
- **Biais -** Découpe du tissu en diagonale du fil pour plus de fluidité et de mouvement.
- **Garniture (Trim) -** Élément décoratif tel que dentelle, ruban ou broderie.
- **Fournitures (Notions) -** Petits éléments utilisés dans la confection (fermetures, boutons, crochets...).
- **Mode durable -** Création vestimentaire respectueuse de l'environnement et de l'éthique.
- **Fast fashion -** Mode produite rapidement et à faible coût, inspirée des tendances actuelles.
- **Haute couture -** Plus haut niveau de savoir-faire en mode, souvent en pièce unique.
- **Collection -** Ensemble coordonné de créations présenté par un designer à chaque saison.

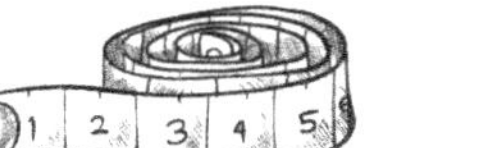